इल्म में भी सुरूर है लेकिन
(अरूज़-ए-उर्दू अदब)

इल्म में भी सुरूर है लेकिन

धीरेन्द्र सिंह 'फ़ैयाज़'

प्रूफ़ रीडिंग
जी. आर. वशिष्ठ

हिन्द युग्म

ISBN : 978-93-92820-24-3

प्रकाशक:
हिन्द युग्म
सी-31, सेक्टर-20, नोएडा (उ.प्र.)-201301
फ़ोन- +91-120-4374046

मुद्रक : मनीपाल टेक्नोलॉजीज लिमिटेड
कला-निर्देशन : विजेन्द्र एस विज

पहला संस्करण : 2022
मूल्य : ₹249

Ilm Mein Bhi Suroor Hai Lekin
by *Dheerendra Singh 'Faiyaaz'*

Published By
Hind Yugm
C-31, Sector-20, Noida (UP)-201301
Phone : +91-120-4374046
Email : sampadak@hindyugm.com
Website : www.hindyugm.com

First Edition : 2022
Price : ₹249

शाइरी की नस्ल-ए-नौ-बहार के और उन तमाम रौशन आँखों के नाम जिन्होंने ज़बान की अपनी पहली कक्षा में पहला हर्फ़ हिंदी का (अ) और उर्दू का (ا) देखा।

मम्मी-पापा के नाम जिन्होंने मुझे इस क़ाबिल बनाया।

फ़ेहरिस्त

इल्म में भी सुरूर है लेकिन
ये वो जन्नत है जिसमें हूर नहीं

- अल्लामा इक़बाल

अरूज़ मल्फ़ूज़ी है मक्तूबी नहीं या'नी अरूज़ की बुनियाद लफ़्ज़ की आवाज़ (Sound) होती है, उसकी लिपि (script) नहीं।

शुक्रिया अदायगी

उन तमाम किताबों और बुज़ुर्गों का शुक्रिया जिन्होंने हमेशा मेरा हाथ थामे रखा।

उन ज़हीन आवाज़ों का शुक्रिया जिन्होंने कभी मेरी ग़लती पर मुझे टोकने से परहेज़ नहीं किया।

उन इंतज़ारों का शुक्रिया जिन्होंने मुझे प्रेरित किया और हर तरह की मायूसियों से बचाए रखा।

मेरी हर छोटी-बड़ी ख़ुशी पर ख़ुश होने वाले उस एक ख़ास शख़्स का शुक्रिया जिसकी रूह अब अपने बदन के अंदर साँस नहीं ले रही है।

बात इतनी-सी है

ये किताब उन तमाम कोशिशों में से एक है, जिनको पढ़ कर हम ये जान-समझ सकते (या जानते-समझते आए) हैं कि सिर्फ़ लिखना ज़रूरी नहीं है बल्कि कैसे लिखना है ये भी ज़रूरी है। अरूज़ एक क़िस्म की वो मुक़द्दस पाबंदी है, जिसके ज़रिए हम शाइरी की तहज़ीब को क़लम-दर-क़लम, नस्ल-दर-नस्ल बरक़रार रख पाते हैं। अरूज़ एक फ्रेम की मानिंद है जिसके दायरों के अंदर ही उर्दू ज़बान की तमाम अस्नाफ़-ए-सुख़न एक तस्वीर की तरह उकेरी जा सकती हैं। सिवाय नस्री नज़्म के उर्दू की किसी भी सिंफ़ में अरूज़ से बाहर रह कर शाइरी करने की इजाज़त नहीं है और ये इजाज़त कोई क़ानून नहीं महज़ एक सक़ाफ़त है, जिसके सबब उर्दू शाइरी ख़ासकर ग़ज़ल हमेशा कभी न बूढ़ी होने वाली लड़की बनी रहती है। गर्चे ये क़ानून होता तो तोड़ने पर सज़ा मिलती। नहीं, ये क़ानून नहीं है। दर-अस्ल ये क़ायदा है और क़ायदा तोड़ने पर सज़ा तो नहीं मिलती लेकिन एक तहज़ीब की ख़ूबसूरती जाती रहती है। ये हू-ब-हू ऐसा है जैसे हम अपने बच्चों को सिखाते हैं कि कैसे किसी से बात की जाती है, कैसे दरवाज़ा बंद किया जाता है, कैसे कपड़े पहने जाते हैं, कैसे चाल में नफ़ासत बरती जाती है और कैसे ज़िंदगी का क़रीना बनाया जाता है। हमारी औलादें इस तहज़ीब को अपनाती हुई बड़ी होती हैं, तो ही वो लायक़ औलादें कहलाती हैं वर्ना ना-लायक़।

अरूज़ शाइरी की बुनियाद है और ग़ज़ल इस बुनियाद पर ता'मीर किया हुआ एक ख़ूबसूरत महल जिसकी दीवारों पर सदियों से हज़ारों शाइर नक़्क़ाशियाँ करते आ रहे हैं। हमें भी इस नाज़ुक और अहम अमल में उसी एहतियात और नज़ाकत के साथ हाथ बँटाना है कि ये महल और भी ख़ूबसूरत होता जाए, इसकी बुनियाद ज़मीन में और गहरे समाती जाए।

ग़ज़ल, ज़बान की दुनिया में अरूज़ के दायरे में बने किसी मुल्क के नक़्शे

जैसी है और नक़्शे से सरहदें मिटाना, उन्हें घटाना-बढ़ाना कोई मा'मूली काम नहीं है। जब-जब ऐसा हुआ है तब-तब इसका नुक़्सान इंसानों की एक बड़ी ता'दाद ने भुगता है। ग़ज़ल के क़ायदे में ग़ैर-ज़रूरी रद-ओ-बदल उर्दू अदब और ख़ुद ग़ज़ल के नुक़्सान के इलावा कुछ नहीं है। लिहाज़ा मेरी गुज़ारिश है कि आप अरूज़ का मुतालआ बहुत बारीकी और संजीदगी से करें ताकि ग़ज़ल के हुस्न में कोई कमतरी न आए।

इस किताब को पढ़ते वक़्त जल्द-बाज़ी न करें। जब तक एक बाब पूरी तरह से समझ न आ जाए तब तक अगले बाब की जानिब न बढ़ें। इत्मीनान रखें; मैं आपको यक़ीन दिलाता हूँ कि धीरे-धीरे आप सब कुछ समझ और सीख जाएँगे।

असातेज़ा से इल्तिजा है कि इस किताब में मुझसे जहाँ कहीं भी कोई ग़लती हुई हो उसकी निशान-देही ज़रूर करें ताकि किताब के अगले एडीशन में वो सब ज़रूरी सुधार किए जा सकें।

शुक्रिया
फ़ैयाज़

ग़ज़ल

ग़ज़ल क्या है और कैसे हमारे देश के अदबी रिवाज में ऐसे घुली कि हमें ये लगता ही नहीं कि ये कोई ग़ैर-मुल्की अदबी सिंफ़ (विधा) है, जो ईरान से होती हुई हिन्दुस्तान तक आ पहुँची। पहले अरबी फिर फ़ारसी और फिर उर्दू तक इसका सफ़र हमेशा ही कामयाब रहा। हिंदी ने भी ग़ज़ल को अपनाने में कभी नाक नहीं सिकोड़ी। हालाँकि हिंदी में इसकी परवरिश उतने सलीक़े से नहीं हो पा रही है जितने सलीक़े से होनी चाहिए थी। अगर बात ख़ालिस (शुद्ध) हिंदी ज़बान की करें तो उसमें ग़ज़ल कहना मेरी नज़र में काफ़ी मुश्किल काम जान पड़ता है। वज्ह कुछ ख़ास नहीं सिवा इसके कि हिंदी के लिए इसकी क़वायद (व्याकरण) को एक मुनज़्ज़िम (व्यवस्थित) तरीक़े से लिख पाना काफ़ी मुश्किल काम है और कई जगह ना-मुमकिन भी हो जाता है लिहाज़ा ग़ज़ल हिंदी में उतनी कामयाब न हो सकी। हिंदी ग़ज़ल के व्याकरण के नाम से तमाम किताबें बाज़ार में पहले भी आई हैं लेकिन मेरे नज़्दीक उन्हें देवनागरी में लिखी गई किताब कहना ज़ियादा मुनासिब होगा गो कि उनमें उर्दू अरूज़ी निज़ाम ही महज़ लिपि बदल कर देवनागरी में लिखा गया है।

ग़ज़ल की बुनियादी ज़रूरतों को, उसकी बुनियादी क़वायद को समझने के लिए हमें कुछ हद तक उर्दू की जानिब जाना ही पड़ेगा। लिहाज़ा मैं देवनागरी लिपि की मदद लेते हुए आपको उर्दू अरूज़ (छंद शास्त्र) को बताने-समझाने की कोशिश करूँगा।

बे-शक ये किताब उन्हीं सब के लिए है जिन्हें उर्दू लिपि पढ़नी-लिखनी नहीं आती लेकिन ये कितना ही अच्छा होगा कि आने वाले वक़्त में अगर आप कुछ बहुत फ़ुर्सत के इम्कान तलाश कर उर्दू की लिपि को सीखने की भी कोशिश करें और ग़ज़ल से अपनी मज़ीद नज़्दीकियाँ बढ़ा सकें। फिर भी आप घबराएँ नहीं

मैं पूरी कोशिश करूँगा बावजूद इसके कि अगर आप उर्दू पढ़-लिख नहीं पाते हैं तब भी आपको ये किताब बल्कि तमाम अरूज़ आसानी से समझ में आ सके।

बहरहाल! मैं वापस उसी बात पर आते हुए बता दूँ कि सिंफ़-ए-ग़ज़ल की शुरूआती ज़बान अरबी रही है। मोजिद-ए-अरूज़ (अरूज़ की ईजाद करने वाला) के हवाले से बात करें तो इसकी ईजाद आठवीं सदी के आस-पास ओमान में पैदा हुई एक आलिम (विद्वान) शख़्सियत ख़लील बिन अहमद ने की जिनका पूरा नाम अब्दुलर्रहमान ख़लील बिन अहमद बसरी फ़रहूदी है। इनने दो अहम किताबें लिखीं जिनमें से एक अरबी शब्दकोश जो किताबुल-ऐन के नाम से मशहूर है और दूसरी इल्म-ए-अरूज़ जिसका सहारा लेते हुए ही बा'द में अरूज़ पर इफ़रात किताबें लिखी गयीं।

उर्दू में अरूज़ पर लिखी दो अहम किताबें मुझे याद आती हैं, जिनमें से एक है-डॉ. आरिफ़ हसन ख़ान की लिखी हुई मेअराज-उल-अरूज़ और दूसरी है डॉ. कमाल अहमद सिद्दक़ी की लिखी हुई आहंग-ओ-अरूज़।

ग़ज़ल के मुतअल्लिक़ (बारे में) मज़ीद (और अधिक) बात करने से क़ब्ल (पहले) मैं एक बात अर्ज़ कर दूँ कि आहंग की मीज़ान अरूज़ है (Prosody is actually the computation of rythm) या'नी पहले आहंग (लय, धुन, तरन्नुम) आया और फिर इसी आहंग की बिना पर तमाम अरूज़ को एक किताबी शक्ल मुहैय्या कराई गई और उसे मंज़र-ए-आम पर लाया गया। ग़ौर करने की बात ये है कि हमें सबसे पहले अल्फ़ाज़ की आवाज़ (ध्वनि) को अच्छी तरह से समझना है या'नी हमें ये मा'लूम होना चाहिए की लफ़्ज़ का तलफ़्फ़ुज़ (उच्चारण) क्या है और हमें उसे बोलते वक़्त किस क़िस्म की और कितनी एहतियात बरतना है। जिसके सबब हमें आगे आहंग और अरूज़ को समझने में मज़ीद मदद मिलेगी।

मिसाल के तौर पर शहर, ज़हर, अलविदा, मना, जमा और वजह वग़ैरा-वग़ैरा। हम देख रहे हैं कि देवनागरी में लिखने के लिहाज़ से ये तमाम अल्फ़ाज़ ऐसे ही राइज (प्रचलित) हैं लेकिन ये ग़लत तरीक़ा राइज हो गया दर-अस्ल ये अल्फ़ाज़ (शह्र, ज़ह्र, अलविदाअ, मनअ, जमअ और वज्ह) ऐसे लिखने चाहिए तभी हम इनके अस्ल तलफ़्फ़ुज़ को अच्छी तरह से समझ सकेंगे।

चलिए ग़ज़ल के बारे में तफ़्सील से जानने-समझने की बाबत हम इस किताब के पहले बाब (अध्याय) की जानिब बढ़ते हैं।

उर्दू हर्फ़- ए- तहज्जी
URDU ALPHABETS

ا	अलिफ़	अ
ب	बे	ब
پ	पे	प
ت	ते	त
ٹ	टे	ट
ث	से	स
ج	जीम	ज
چ	चे	च
ح	बड़ी हे	ह
خ	ख़े	ख़
د	दाल	द
ڈ	डाल	ड
ذ	ज़ाल	ज़
ر	रे	र
ڑ	ड़े	ड़
ز	ज़े	ज़
ژ	झ़े	ज़
س	सीन	स
ش	शीन	श
ص	सुआद	स
ض	ज़ुआद	ज़
ط	तोए	त
ظ	ज़ोए	ज़
ع	ऐन	अ
غ	ग़ैन	ग़
ف	फ़े	फ़
ق	क़ाफ़	क़
ک	काफ़	क
گ	गाफ़	ग
ل	लाम	ल
م	मीम	म
ن	नून	न
و	वाओ	व
ه	छोटी हे	ह
ھ	दोचश्मी हे	ह
ء	हमज़ा	
ی	छोटी ये	
ے	बड़ी ये	
اً	तनवीन	न

वो हर्फ़ जो उर्दू एल्फाबेट में नहीं होते और दो चश्मी हे की मदद से बनते हैं-

ٹھ	تھ	پھ	بھ
ठ	थ	फ	भ
		چھ	جھ
		छ	झ
	ڑھ	ڈھ	دھ
	ढ़	ढ	ध
	ں	گھ	کھ
	नून- गुन्ना देवनागरी में चन्द्र बिन्दु	घ	ख

मद, ज़बर, ज़ेर और पेश

ا + ٓ + = آ = आ मद

ا + َ + = اَ = अ ज़बर (हिन्दी में अक्षर का मूल स्वरूप)

ا + ِ + = اِ = इ ज़ेर (हिन्दी में 'इ' की मात्रा)

ا + ُ + = اُ = उ पेश (हिन्दी में 'उ' की मात्रा)

ग़ज़ल के मुख़्तलिफ़ (अलग-अलग) हिस्से, उनके इस्तेलाही नाम और उनकी तफ़्सीलात

Technical terms in Ghazal and their details

ग़ज़ल के सबसे पहले शे'र को मतलअ (जिसके दोनों मिसरे-पंक्तियाँ or Lines हम क़ाफ़िया हों या'नी दोनों मिसरों में ज़रूरी तौर पर क़ाफ़िया नज़्म किया गया हो) कहते हैं। ग़ज़ल में एक से ज़ियादा मतले कहे जा सकते हैं। पहले मतले के बा'द कहे गए मतले को हुस्न-ए-मतलअ कहते हैं।

अगर ग़ज़ल में दो से ज़ियादा मतले हैं और अगला मतलअ पहले मतले में कही गई बात को मज़ीद वाज़ेह (और भी स्पष्ट) करता है तो उसे मतलए-सानी कहा जाता है।

मिसाल के तौर पर नीचे दी गई ग़ज़ल से समझते हैं–

चुपके चुपके ग़म का खाना कोई हम से सीख जाए
जी ही जी में तिलमिलाना कोई हम से सीख जाए
अब्र क्या आँसू बहाना कोई हम से सीख जाए
बर्क़ क्या है तिलमिलाना कोई हम से सीख जाए
ज़िक्र-ए-शम-ए-हुस्न लाना कोई हम से सीख जाए
उन को दर-पर्दा जलाना कोई हम से सीख जाए
झूट-मूट अफ़यून खाना कोई हम से सीख जाए
उन को कफ़ ला कर डराना कोई हम से सीख जाए
हम ने अव्वल ही कहा था तू करेगा हम को क़त्ल
तेवरों का ताड़ जाना कोई हम से सीख जाए

कह दो क़ासिद से कि जाए कुछ बहाने से वहाँ
गर नहीं आता बहाना कोई हम से सीख जाए
ख़त में लिखवा कर उन्हें भेजा तो मतलअ दर्द का
दर्द-ए-दिल अपना जताना कोई हम से सीख जाए
क्या हुआ अय ज़ौक़ हैं जूँ मर्दुमुक हम रू-सियाह
लेकिन आँखों में समाना कोई हम से सीख जाए

इस ग़ज़ल में मतलअ हुआ–
चुपके चुपके ग़म का खाना कोई हम से सीख जाए
जी ही जी में तिलमिलाना कोई हम से सीख जाए

हुस्न-ए-मतलअ हुआ–
अब्र क्या आँसू बहाना कोई हम से सीख जाए
बर्क़ क्या है तिलमिलाना कोई हम से सीख जाए

और अगर इस ग़ज़ल में कोई भी मतलअ उसके पहले वाले मतले के मआनी को और वाज़ेह करता तो उसे हम मतलए-सानी कहते।

शे'र के पहले मिसरे (पंक्ति) को मिसरए-ऊला और दूसरे मिसरे को मिसरए-सानी कहते हैं।

ग़ज़ल में रदीफ़ के ठीक पहले इस्ते'माल किए गए लफ़्ज़ को क़ाफ़िया कहते हैं। जैसे मिसाल के तौर पर लिखी गई पहली ग़ज़ल के क़वाफ़ी (क़ाफ़िया का जमअ या'नी बहुवचन) हुए-खाना, तिलमिलाना, जलाना, डराना वग़ैरा-वग़ैरा।

क़ाफ़िए के ठीक बा'द नज़्म (पिरोए) किए गए तमाम अल्फ़ाज़ को रदीफ़ कहते हैं लिहाज़ा ग़ज़ल का रदीफ़ हुआ कोई हम से सीख जाए।

रदीफ़ में एक या एक से ज़ियादा लफ़्ज़ भी हो सकते हैं।

(रदीफ़ और क़ाफ़िए के बारे में हम आगे तफ़्सील से बात करेंगे)

ग़ज़ल के आख़िरी शे'र में अगर शाइर ने अपना नाम या तख़ल्लुस-(उपनाम, Pen name) नज़्म किया है, तो उसे मक़्तअ कहते हैं और अगर नहीं किया है, तो उसे मक़्तअ नहीं बल्कि शे'र-ए-आख़िर कहते हैं। चूँकि इस ग़ज़ल के

ख़ालिक़ (सर्जक) इब्राहीम ज़ौक़ ने ग़ज़ल के आख़िरी शे'र में अपना तख़ल्लुस नज़्म किया है लिहाज़ा हम उसे मक़्तअ कहेंगे।

कुछ और ध्यान में रखने लायक़ ज़रूरी बातें–

1. मिसरे का जमअ-मिसरैन

2. शे'र का जमअ-अशआर

3. क़ाफ़िया का जमअ-क़वाफ़ी

4. अगर ग़ज़ल में रदीफ़ का इस्ते'माल हुआ है तो उसे मुरद्दफ़ ग़ज़ल कहते हैं।

5. अगर ग़ज़ल में रदीफ़ का इस्ते'माल नहीं हुआ है तो उसे ग़ैर-मुरद्दफ़ ग़ज़ल कहते हैं।

6. ग़ज़ल में कम अज़ कम 5 अशआर और ज़ियादा से ज़ियादा 15 (मतलअ समेत) अशआर कहने का रिवाज है।

उमूमन (सामान्यतया) ग़ज़लें दो तरह की होती हैं–

1. **मुसलसल ग़ज़ल–** जो कि नज़्म ही की तरह एक ही मौज़ूअ (विषय) (जैसे-आपकी माशूक़ा की ख़ूबसूरती पर, ईश्वर की महानता पर या आपकी माँ पर।) पर कही जाती है।

2. **ग़ैर-मुसलसल ग़ज़ल–** जिसमें हर एक शे'र का मौज़ूअ (जैसे एक शे'र में आप हिज्र को नज़्म करते हैं तो अगले में इश्क़ को और उसके बा'द दुनिया की बात करते हैं वग़ैरा।) मुख़्तलिफ़ हो उसे ग़ैर मुसलसल ग़ज़ल कहते हैं। बेश्तर शाइर ग़ैर-मुसलसल ग़ज़ल कहना ही पसंद करते हैं, क्यूँ कि मुसलसल ग़ज़ल एक तरह से पाबंद नज़्म के दायरे में आ जाती है।

शे'र कैसे कहें

किसी भी बात को बा-बह्र कह देने भर से शे'र नहीं होता। एक अच्छा शे'र कहने से पहले हमें कई बातों का ध्यान रखना पड़ता है। अव्वल तो ये कि हमारा ख़याल या'नी शे'र का मौज़ूअ क्या है और हम उसे पेश कैसे कर रहे हैं? शे'र का मतलब होता है कोई एक बात, कोई एक मौज़ूअ दो मिसरों में कहना न कि दो मुख़्तलिफ़ मौज़ूअ दो मिसरों में कहना, इसी लिए इस बात का ख़ास ख़याल रखा जाना चाहिए कि दोनों मिसरों में रब्त (रिश्ता) हो या'नी मिसरे मरबूत हों। ऊला मिसरअ कहते वक़्त इस बात का ख़ासतौर पर ख़याल रखना होता है कि वहाँ सानी मिसरअ कहे बग़ैर बात न खुले। मसलन अगर हम कहें-

हमें आप की याद आ भी चुकी है
अजब है कि आँसू अभी तक न आए

ये एक अच्छे शे'र में शुमार नहीं किया जा सकता क्यूँ कि इसका ऊला मिसरअ अपने आप में पूरी बात कह रहा है। इसे पढ़ कर हमें क़तई ये नहीं लगता कि आगे भी कोई बात कही जाएगी।

लेकिन अगर इसी में कुछ रद-ओ-बदल करते हुए इसके सानी मिसरे को ऊला और ऊला मिसरे को सानी बना दें और शे'र यूँ कर दें कि-

अजब है कि आँसू अभी तक न आए
हमें आप की याद आ भी चुकी है

तो ये काफ़ी हद तक ठीक-ठीक शे'र हो गया। यहाँ हमने देखा कि ऊला मिसरे (अजब है कि आँसू अभी तक न आए) से किसी भी तरह की बात नहीं खुल रही। क्यूँ कि आँसू अभी तक न आए तो कोई बात ही नहीं होती जब तक ये न बताया जाए कि किस लिए नहीं आए।

कोई भी शे'र कहते वक़्त बहुत ज़रूरी है अल्फ़ाज़ का इंतेख़ाब। एक ही

चीज़ को पुकारने के लिए किसी भी ज़बान में कई अल्फ़ाज़ होते हैं, जैसे-चाँद-क़मर, महताब / सूरज-ख़ुर्शीद, ख़ुर, आफ़ताब। हमें शे'र कहते वक़्त ये बहुत बारीकी से सोचना होता है कि कौन सा लफ़्ज़ ज़ियादा मुनासिब और ख़ूबसूरत लगेगा। मसलन इस बात को हम ग़ालिब के एक बहुत मशहूर शे'र से समझते हैं जिसके बारे में एक जुमला बे-हद मशहूर है कि ये शे'र बह्र से ख़ारिज है-

दिल-ए-नादाँ तुझे हुआ क्या है
आख़िर इस दर्द की दवा क्या है

यहाँ अगर ऐसा होता कि ये शे'र बह्र से ख़ारिज है, तो ग़ालिब के लिए ये कोई मुश्किल काम नहीं था कि वो दिल-ए-नादाँ को क़ल्ब-ए-नादाँ नहीं कर सकते थे लेकिन उनके शे'री शऊर ने उन्हें इसकी इजाज़त नहीं दी लिहाज़ा उन्होंने दिल-ए-नादाँ को दिल-ए-नादाँ ही रहने दिया।

क्यों कहा जाता है कि ये शे'र बह्र से ख़ारिज है और क्यों ये शे'र बह्र से ख़ारिज नहीं है इसके मुतअल्लिक़ हम बहरों के बारे में बात करते वक़्त तफ़सील से चर्चा करेंगे।

उर्दू की लम्बी तरकीब जैसे-आमद-ए-सैलाब-ए-तूफ़ान-ए-सदा-ए-आब से बचना चाहिए (ये एक क़िस्म का ऐब भी है और ऐसी तरकीब बनाने के लिए ज़बान का इन्तेहाई इल्म दरकार है) क्यूँ कि वो दौर कोई और था ये दौर कोई और है फिर लोगों में इतना इत्मीनान और ज़बान का उतना इल्म भी नहीं है कि वो इसे समझने में अपना वक़्त खपाएँ। वैसे राज़ की बात ये है कि ऐसी तरकीबें या तो उस्ताद शाइर इस्ते'माल में लाते हैं या नौ-मश्क़ (नए कहने वाले)। वज्ह ये है कि वो असातेज़ा (उस्ताद शाइर) को पढ़ते वक़्त अक्सर और बेश्तर शे'र समझने के बजाए उनकी ज़बान और उसके इस्ते'माल से मुतास्सिर (प्रेरित) हो कर उनके ढंग या तरकीब को अपने शे'र में पिरोने की कोशिश करने लगते हैं। याद रखिए–

कभी भी अल्फ़ाज़ के लिए शे'र की तलाश नहीं करनी चाहिए बल्कि हमेशा शे'र के लिए अल्फ़ाज़ की तलाश करनी चाहिए।

बात जितनी साफ़ कही जा सके उतनी साफ़ कही जानी चाहिए। शे'र में गहराई अल्फ़ाज़ से नहीं आपके ख़याल और आपके लहजे से पैदा होती है। सबसे अहम ये कि शे'र कहते वक़्त उसमें मंतक़ (तर्क, Logic) का ख़ासतौर पर ख़याल रखना चाहिए मसलन हम कान को अंधा न कहें, समंदर को रवाँ (बहता हुआ) न कहें, ज़मीन को आसमान और आसमान को ज़मीन न कहें।

मिसाल के तौर पर एक शे'र देखते हैं–

बदन अब सौंप दे मिट्टी को अपना
सफ़र बाक़ी है और चलना अकेला

इस शे'र में हम देखते हैं कि ख़ालिक़ अपना बदन मिट्टी को सौंप चुका है लिहाज़ा उसका सफ़र यहाँ ख़त्म हो जाता है लेकिन सानी मिसरे में फिर भी वो सफ़र को बरक़रार रखते हुए आगे चलने की बात कर रहा है जो कि बे-बुनियाद है लिहाज़ा हमें शे'र कहते वक़्त इस बात का ख़ास ख़याल रखना है कि हमारे शे'र का मौज़ूअ बिल्कुल साफ़ और मंतक़ी (तार्किक Logically) हो।

अगर आप कोई ऐसा मौज़ूअ नज़्म कर रहे हों जो दर-अस्ल होता ही नहीं है तब हमें भरपूर कोशिश करनी चाहिए कि हम दोनों मिसरों में कही गई अपनी बात को साबित कर सकें। मिसाल के तौर पर एक शे'र देखते हैं-

मेरे माथे पे इक सहरा है रक़्साँ
रवाँ हैं दो समंदर उसके नीचे

माथे पर सहरा नाच नहीं सकता और न ही माथे के नीचे किसी तौर समंदर हो सकता है वो भी रवाँ समंदर लेकिन ग़ौर से देखें तो इस शे'र की मंतक़ साफ़ है और वो ऐसे कि सहरा एक तरह से वीरानी या उदासी की अलामत (प्रतीक) है और रक़्स नाचने या ऊधम मचाने को कह सकते हैं या'नी ऊला मिसरे में ये बात कहने की कोशिश की गई है कि ख़ालिक़ के माथे पर वीरानी नाच रही है। वहीं सानी मिसरे की जानिब (ओर) बढ़ें तो उसमें ख़ालिक़ अपनी दोनों आँखों को समंदर कह रहा है और वो कह सकता है क्यूँ कि आँसुओं का स्वाद हू-ब-हू समंदर के पानी की तरह नमकीन होता है। आँसू बहते भी हैं लिहाज़ा समंदर को रवाँ कहना भी जायज़ ठहरा।

दुनिया, दुनिया के सुख, दुःख, आसानी, मुश्किल, कामयाबी, ना-कामयाबी, रिश्ते, लोग सब वही हैं जो पहले थे सो कोई नयी बात पैदा करना खेल तो नहीं है लेकिन अपना लहजा मुख़्तलिफ़ ज़रूर रखा जा सकता है बावजूद इसके जो नयी बातें नए मौज़ूअ पैदा कर लेते हैं वही ग़ालिब, मीर भी कहलाते हैं।

तरकीब– आमद-ए-सैलाब-ए-तूफ़ान-ए-सदा-ए-आब ग़ालिब के एक शे'र से ली गई है।

रदीफ़

रदीफ़ के लुग़वी मआनी (शाब्दिक अर्थ, Literal meaning) पीछे चलने वाला के होते हैं। रदीफ़ क़ाफ़िए के बा'द के उन तमाम (एक या एक से ज़ियादा) अल्फ़ाज़ के इज्तिमाअ को कहते हैं जो मतले के दोनों मिसरे में एक-से होते हैं। उसके बा'द हर एक शे'र के (मक़्तअ समेत) सानी मिसरे में हू-ब-हू वही लफ़्ज़ बतौर रदीफ़ होना ज़रूरी और लाज़िमी होते हैं। जैसा कि मैं पहले अर्ज़ कर चुका हूँ कि ग़ज़ल बग़ैर रदीफ़ के भी कही जा सकती है जिसे हम ग़ैर-मुरद्दफ़ ग़ज़ल कहते हैं और अगर ग़ज़ल में रदीफ़ है तो वो मुरद्दफ़ ग़ज़ल कहलाती है और वहाँ रदीफ़ हुस्न-ए-इज़ाफ़ी (ग़ज़ल को और ख़ूबसूरत बनाने) का काम करता है। अब हम ग़ालिब के एक मतले से समझते हैं कि रदीफ़ क्या होता है–

कब वो सुनता है कहानी मेरी
और फिर वो भी ज़बानी मेरी

जैसा कि हम समझ पा रहे हैं यहाँ कहानी और ज़बानी क़ाफ़िया हैं और मेरी (क़ाफ़िया के ठीक बा'द का बचा हुआ हिस्सा) रदीफ़।

रदीफ़ के बारे में एक बात ध्यान में रखना बहुत ज़रूरी है कि रदीफ़ को मिसरे (शे'र) की इबारत का हिस्सा होना चाहिए या'नी अगर मिसरे से रदीफ़ हटा लें तो वो बे-मतलब हो जाए और उसका कोई मआनी न निकले क्यूँ कि अगर रदीफ़ रखने के बावजूद उसके बग़ैर मिसरअ मआनी के लिहाज़ से मुकम्मल है और उसका पूरा मतलब निकलता है, तो फिर रदीफ़ की तो कोई ज़रूरत ही नहीं रह गई लिहाज़ा हमें इस ऐब से बचना चाहिए।

मिसाल के तौर पर हम इसे एक शे'र से समझते हैं–

पुकारा लाख उसे हमने फिर भी तो ज़ालिम
क़रीब आया न आया वो पास ही मेरे

यहाँ अगर हम 'आया' को क़ाफ़िया मान लें तो रदीफ़ हुआ वो पास ही मेरे अब यहाँ क़रीब और पास दोनों के एक ही मआनी निकलते हैं लिहाज़ा वो पास ही मेरे में पास का होना बे-मतलब हुआ और ग़ैर-मुनासिब भी या'नी हमारा मिसरअ ठीक नहीं है और हमें हर हाल में इस बात का ध्यान रखते हुए इस ऐब से बचना होगा। अगर हम इस शे'र को बदल कर–

पुकारा लाख उसे हमने फिर भी तो ज़ालिम
न मुड़के देखा न आया वो पास ही मेरे

कर दें तो अब ये शे'र दुरुस्त हो गया और इस ऐब से बाहर हो गया।

रदीफ़ के ऐब

रदीफ़ के इस्ते'माल में उमूमन दो क़िस्म के ऐब पाए जाते हैं–

1- तक़ाबुल-ए-रदीफ़ैन

2- इज्तिमाए-रदीफ़ैन

1. **तक़ाबुल-ए-रदीफ़ैन–** तक़ाबुल के लुग़वी मआनी तकरार के हैं या'नी जब रदीफ़ के आख़िरी लफ़्ज़ की आवाज़ ऊला मिसरे के आख़िरी लफ़्ज़ से मिलती हो, तो वो तक़ाबुल-ए-रदीफ़ैन का ऐब कहलाता है। या'नी लफ़्ज़ हू-ब-हू न हों लेकिन उनकी आवाज़ या स्वर एक जैसा हो। मिसाल के तौर पर इसे हम एक शे'र से समझते हैं–

हमें आया नहीं दिल रखना उसका
हमारे सामने आया जो रोता

हम मान लेते हैं कि इस शे'र का क़ाफ़िया लफ़्ज़ आया है और रदीफ़ जो रोता है। यहाँ हम आसानी से एक चीज़ देख या समझ सकते हैं कि ऊला मिसरे का आख़िरी लफ़्ज़ है उसका और सानी मिसरे का आख़िरी लफ़्ज़ है रोता। ये दोनों ही लफ़्ज़ एक से नहीं हैं लेकिन इनके तलफ़्फ़ुज़ में जो समानता है वो आ की आवाज़ की है-उसक आ, रोत आ लिहाज़ा ये तक़ाबुल-ए-रदीफ़ैन की मिसाल हुआ।

अगर इसी शे'र को हम ऐसा कर दें कि–

हमें आया नहीं दिल रखना उसका
जो आया सामने रोता हमारे

तो इस शक्ल में ये शे'र दुरुस्त है और ऐसा करने पर इस शे'र से तक़ाबुल-

ए-रदीफ़ैन का ऐब जाता रहेगा।

ध्यान रखें– ऐसा ही- ई, ऊ, ए, ऐ, ओ, औ की आवाज़ मिलने पर भी होगा। या'नी हमें कोशिश करनी है इस तरह की आवाज़ की तकरार से हम बच सकें।

2. इज्तिमाए-रदीफ़ैन- इज्तिमाअ के लुग़वी मआनी समूह (Group) के हैं या'नी जब मिसरए-ऊला का लफ़्ज़-ए-आख़िर या पूरा का पूरा शब्द समूह ही न केवल आवाज़ के लिहाज़ से बल्कि बनावट के लिहाज़ से भी रदीफ़ से हू-ब-हू मिल जाए तो वो इज्तिमाए-रदीफ़ैन का ऐब कहलाता है। मिसाल के तौर पर हम इसे एक शे'र से समझने की कोशिश करते हैं–

रगों में हमारी उतर जाइएगा
बदन में हमारे सफ़र कीजिएगा

हम मान लेते हैं कि इस शे'र का क़ाफ़िया सफ़र है तब यहाँ रदीफ़ कहलाएगा कीजिएगा लेकिन-जाइएगा और कीजिएगा में एगा हू-ब-हू एक जैसा हो गया लिहाज़ा ये इज्तिमाए-रदीफ़ैन की मिसाल हुआ।

अब इस शे'र में हम कुछ रद-ओ-बदल करके देखते हैं–

उतर जाइएगा रगों में हमारी
बदन में हमारे सफ़र कीजिएगा

अब ये शे'र दुरुस्त है और इस ऐब के दायरे से बाहर हो जाता है।

एक और मिसाल हम देखते हैं–

इश्क़ में ऐसा होता है
बात जान पर आती है

यहाँ हम देख रहे हैं कि ऊला और सानी दोनों मिसरों के आख़िर में है आ गया है जिसकी वज्ह से इस शे'र में भी इज्तिमाए-रदीफ़ैन का ऐब आ गया जिससे हमें बचने की कोशिश हर हाल में करनी चाहिए।

इस शे'र को भी दुरुस्त करते हैं–

इश्क़ में होता है ऐसा
बात जान पर आती है

यहाँ हम देखते हैं कि ये शे'र इज्तिमाए-रदीफ़ैन के ऐब के दायरे से बाहर हो गया।

ध्यान रखें– इज्तिमाअ और तक़ाबुल के ऐब में एक मा'मूली-सा फ़र्क़ होता है अगर बिल्कुल हू-ब-हू एक जैसे लफ़्ज़ टकरा जाएँ तो उसे हम इज्तिमाए-रदीफ़ैन का ऐब कहते हैं और अगर मिलते जुलते लफ़्ज़ टकरा जाएँ तो उसे तक़ाबुल-ए-रदीफ़ैन का ऐब कहते हैं।

क़ाफ़िया और उसका इस्ते'माल

जैसा कि हम पहले ही समझ चुके हैं कि क़ाफ़िया क्या होता है। क़ाफ़िया या'नी तुकांत। शे'र में रदीफ़ के ठीक पहले बर्ते गए लफ़्ज़ को क़ाफ़िया कहते हैं। पूरी ग़ज़ल का क़ाफ़िया क्या होगा इस बात का ऐलान मतले में करते हुए पूरी ग़ज़ल में उसी के मुताबिक़ तमाम क़वाफ़ी नज़्म किए जाते हैं। जैसा कि हमने पहले सबक़ में जाना कि बग़ैर रदीफ़ के ग़ज़ल कही जा सकती है लेकिन क़ाफ़िया ग़ज़ल की बुनियादी ज़रूरत है। बग़ैर क़ाफ़िए के ग़ज़ल नहीं कही जा सकती। अगर ग़ज़ल में क़ाफ़िया नहीं है तो हम उसे किसी तौर ग़ज़ल नहीं कह सकते।

आइए समझते हैं क़ाफ़िए की शिनाख़्त (पहचान) कैसे करते हैं–

क़ाफ़िए की शिनाख़्त हर्फ़-ए-रवी या'नी बतौर क़ाफ़िया इस्ते'माल किए गए अल्फ़ाज़ के आख़िर के वो हर्फ़ जो हर एक क़ाफ़िए में कॉमन हों, से की जाती है।

आइए समझते हैं कैसे–

ग़ालिब का मतलअ है–

ग़ैर लें महफ़िल में बोसे जाम के
हम रहें यों तश्ना-लब पैग़ाम के

यहाँ हम देख पा रहे हैं कि इस मतले का रदीफ़ 'के' है या'नी क़वाफ़ी हुए जाम (جام) और पैग़ाम (پیغام)

जाम या'नी- ज + आम (ج + آم)

पैग़ाम या'नी- पैग़ + आम (پیغ + آم)

या'नी बतौर क़वाफ़ी- जाम और पैग़ाम के हर्फ़-ए-रवी सिलसिलेवार (क्रमशः) हुए- मीम 'م' (हिंदी में म) और अलिफ़ 'ا' (हिंदी में अ) लिहाज़ा

अब ग़ज़ल में नज़्म किए जाने वाले तमाम क़वाफ़ी वही हो सकते हैं जिनके हर्फ़-ए-रवी मीम और अलिफ़ होंगे।

जैसे- फ़ाम, नाम, एहराम, दाम वग़ैरा-वग़ैरा।

क़ाफ़िए को समझने के लिए कुछ एक मिसालें और देखते हैं-

1. आसमाँ खोल दिया पैरों में राहें रख दीं
फिर नशेमन पे उसी शख़्स ने शाखें रख दीं

राहें या'नी- राह + एँ (یں + راہ)

शाख़ें या'नी- शाख़ + एँ (یں + شاخ)

उर्दू में एँ दो हर्फ़ों की मदद से बनता है। छोटी ये 'ی' (हिंदी में ए) + नून ग़ुन्ना 'ں' (हिंदी में चंद्र बिंदु)

या'नी बतौर क़वाफ़ी राहें और शाख़ें के मुताबिक़ हर्फ़-ए-रवी सिलसिलेवार हुए- नून ग़ुन्ना 'ں' (हिंदी में चंद्र बिंदु) और छोटी ये 'ی' (हिंदी में ए) लिहाज़ा अब ग़ज़ल में नज़्म किए जाने वाले तमाम क़वाफ़ी वही हो सकते हैं जिनके हर्फ़-ए-रवी नून ग़ुन्ना और छोटी ये होंगे।

जैसे- साँसें, बातें, आँखें वग़ैरा-वग़ैरा

2. न गुल-ए-नग़मा हूँ न पर्दा-ए-साज़
मैं हूँ अपनी शिकस्त की आवाज़

यहाँ हम देख रहे हैं कि साज़ और आवाज़ लफ़्ज़ के बा'द कोई भी और लफ़्ज़ नहीं हैं या'नी ये ग़ज़ल ग़ैर मुरद्दफ़ ग़ज़ल हुई और इस मतले के मुताबिक़ क़वाफ़ी हुए-साज़ और आवाज़।

साज़ या'नी- स + आज़ (از + س)

आवाज़ या'नी- आव + आज (از + او)

यहाँ हम देखते हैं कि क़वाफ़ी साज़ और आवाज़ के मुताबिक़ हर्फ़-ए-रवी सिलसिलेवार हुए-ज़े 'ز' (हिंदी में ज़) और अलिफ़ 'ا' (हिंदी में अ)। लिहाज़ा अब ग़ज़ल में नज़्म किए जाने वाले तमाम क़वाफ़ी वही हो सकते हैं जिनके हर्फ़-ए-रवी ज़े और अलिफ़ होंगे।

जैसे- दराज़, गुदाज़, परवाज़, नाज़ वग़ैरा-वग़ैरा।

ख़ास बात-

मेरी आँखों का इक दिन ये समंदर सूख जाएगा
तेरा ग़म धीरे-धीरे मेरे अंदर सूख जाएगा

जैसा कि हम समझ पा रहे हैं कि इस मतले के क़ाफ़िए हुए- समंदर और अंदर।

समंदर या'नी- सम + अंदर (سم + اندر)

अंदर या'नी- अंदर (اندر)

हम यहाँ अलिफ़ ا या'नी अ को नज़रअन्दाज़ कर सकते हैं क्यूँ कि हर्फ़-ए-रवी की शिनाख़्त उमूमन क़ाफ़िए के आख़िर के दो या तीन हर्फ़ की बिना पर की जाती है लिहाज़ा हम कह सकते हैं कि यहाँ पर हर्फ़-ए-रवी सिलसिलेवार हुए- रे 'ر' (हिंदी में र), दाल 'د' (हिंदी में द), और नून 'ن' (हिंदी में न) हैं। या'नी आगे कहे जाने वाले तमाम अशआर में हमें इस बात का ख़याल रखना होगा कि बतौर क़ाफ़िया नज़्म किए जाने वाले लफ़्ज़ों में हर्फ़-ए-रवी की सूरत में ये हर्फ़ ख़ास तौर पर मौजूद हों या'नी बतौर क़वाफ़ी सिर्फ़ वो लफ़्ज़ ही बाँधे (इस्ते'माल किए) जाएँ जिन लफ़्ज़ों के आखिरी हर्फ़-सिलसिलेवार- रे, दाल और नून हों। लिहाज़ा यहाँ क़ाफ़िए के लिहाज़ से सिर्फ़-बंदर, हंदर (जो कि कोई लफ़्ज़ नहीं है), जंदर (ये भी कोई लफ़्ज़ नहीं है) जैसे लफ़्ज़ ही नज़्म किए जा सकते हैं। लिहाज़ा हमें मतले में बहुत ग़ौर से इसके मुतअल्लिक़ सोच लेना चाहिए कि हम जिन अल्फ़ाज़ को क़ाफ़िया बनाने जा रहे हैं क्या उनके मुफ़ीद हमारे पास और लफ़्ज़ हैं कि नहीं? अगर नहीं तो हमें मतले में ऐसे क़वाफ़ी नज़्म करने से बचना चाहिए।

आइए देखते हैं हम क़ाफ़िए की इस मुश्किल को आसान कैसे कर सकते हैं–

समंदर और अंदर क़वाफ़ी की मुश्किल को आसान करना काफ़ी आसान है अगर हम इस मतले को पहले की तरह न कह कर यूँ कह दें कि–

मेरी आँखों का इक दिन ये समंदर सूख जाएगा
तेरा ग़म धीरे-धीरे मेरे भीतर सूख जाएगा

समंदर या'नी- समंद + अर (سمند + ار)

भीतर या'नी- भीत + अर (بھیت + ار)

यहाँ हम देख रहे हैं कि-समंदर और भीतर क़ाफ़िए के मुताबिक़ हर्फ़-ए-रवी सिलसिलेवार हुए-रे 'ر' (हिंदी में र) और अलिफ़ 'ا' (हिंदी में अ) अलिफ़

और रे हर्फ़-ए-रवी होने की वज्ह से हमें बे-हद आसानी से ये सहूलत मिल जाती है कि आगे कहे जाने वाले अशआर में हम- चल कर, जा कर, बंदर, अक्सर, यक्सर वग़ैरा लफ़्ज़ बतौर क़वाफ़ी नज़्म कर सकते हैं।

इस तरह से हमने समझा कि कैसे और किस तरह से हमें ग़ज़ल में क़वाफ़ी इस्ते'माल करने हैं।

अगले बाब में हम क़ाफ़िए के ऐब के बारे में समझेंगे।

ध्यान रखें–

1. क़वाफ़ी के इस्ते'माल में एक अहम बात, लफ़्ज़ के हुरूफ़ (हर्फ़-अक्षर का बहुवचन) पर ज़ेर (हिंदी में इ), ज़बर (हिंदी में अक्षर का मूल रूप अ या'नी अ, ब या'नी ब वग़ैरा), पेश (हिंदी में उ) की अलामत का ख़याल ज़रूरी तौर पर रखना है या'नी दिल' के साथ चल-पल-बादल, सुन के साथ बिन-दिन या सुर के साथ मर-कर-सर्वर वग़ैरा क़ाफ़िए इस्ते'माल नहीं किए जा सकते।

2. अलिफ़ आज़ाद (जिन अल्फ़ाज़ के आख़िरी हर्फ़ का स्वर आ हो) जैसे-हुआ, मिला, क्या वग़ैरा के साथ दुआ, माजरा, सुना, हिना और अच्छा और मेरा, छूटा वग़ैरा के साथ सोचा, देखा, जाना, बैठा जैसे क़वाफ़ी इस्ते'माल किए जा सकते हैं।

3. ए, इ, ओ, ऊ आदि का क़ाफ़िया (जिन अल्फ़ाज़ के आख़िरी हर्फ़ का स्वर ए, इ, ओ, ऊ वग़ैरा हो) जैसे-आए, बैठे वग़ैरा के साथ सुनते, अच्छे, कितने जैसे, आई, देखी वग़ैरा के साथ सोची, इतनी, ज़िद्दी जैसे, आओ, बैठो वग़ैरा के साथ सोचो, पाओ, देखो जैसे वज़ू, सबू वग़ैरा के साथ अदू, लहू, सू जैसे और आहू, क़ाबू वग़ैरा के साथ ख़ू-बू, ख़ुश्बू जैसे क़वाफ़ी इस्ते'माल किए जा सकते हैं।

क़ाफ़िए के ऐब

क़ाफ़िए के ऐब को ईता कहा जाता है जिसके लुग़वी मआनी कुचल देने वाला के होते हैं। वाक़ई ये ऐब दिमाग़ को कुचल देने वाला है। वज्ह यही है कि शाइर हमेशा ही से बहुत सारे ऐब को नज़र-अंदाज़ करते हुए शाइरी करते हैं तब हमें इस मुश्किल से गुज़रना होता है कि फ़लाँ शाइर ने तो मतले में ये क़वाफ़ी बाँधे हैं लेकिन फ़लाँ किताब में इसे ऐब बताया गया है। बहरहाल हम समझते हैं कि ईता का ये ऐब होता क्या है। उर्दू शाइरी में ईता के ऐब उमूमन दो तरह के होते हैं- जली (स्पष्ट- जो सुनने भर से समझ में आ जाए) और ख़फ़ी (छुपा हुआ- जो सुनने भर से समझ में न आए)।

1. **ईता-ए-जली**- जैसा कि हम समझ चुके हैं कि ये ऐब हमें महज़ सुनने भर से मा'लूम पड़ जाता है। आइए देखते हैं कि इस ऐब की शिनाख़्त कैसे होती है।

अगर हम मतले में बतौर क़वाफ़ी लफ़्ज़-चलकर और बढ़कर नज़्म करते हैं तो ये ईता-ए-जली के ऐब के दायरे में आएगा और वो इसी लिए क्यूँ कि चलकर और बढ़कर अस्ल लफ़्ज़ नहीं बल्कि चल और बढ़ में कर लफ़्ज़ को जोड़ कर बनाए गए अल्फ़ाज़ हैं। हम अगर दोनों ही लफ़्ज़ों से कर हटा दें तो ये सिर्फ़ चल और बढ़ रह जाएँगे और इस हालत में हम साफ़ तौर पर सुन कर देख कर समझ पा रहे हैं कि चल और बढ़ का आपस में कोई तुक नहीं है।

वैसे ही-माहताब और आफ़ताब के साथ होगा गो कि ये भी ताब लफ़्ज़ को जोड़ कर बनाए गए लफ़्ज़ हैं और ताब को हटा लेने के बा'द ये माह और आफ़ रह जाएँगे लिहाज़ा इनका भी आपस में कोई तुक नहीं है।

इसी तरह- दर्द-मंद, फ़िक्र-मंद । ख़ुश-नुमा, दिल-नुमा। कम-तर, बढ़-तर वग़ैरा के साथ भी होगा।

आइए समझते हैं इस ऐब से कैसे बचा जा सकता है–

इस ऐब से बचना काफ़ी आसान है अगर हम–

1. चलकर, बढ़कर को एक साथ मतले में न बाँध कर चलकर (या बढ़कर) के साथ बेहतर, पत्थर, मंज़र, तेवर, दीगर।

2. माहताब, आफ़ताब को एक साथ मतले में न बाँध कर माहताब (या आफ़ताब) के साथ गुलाब, कामयाब, इन्तिसाब।

3. दर्दमंद, फ़िक्रमंद को एक साथ मतले में न बाँध कर दर्दमंद (या फ़िक्रमंद) के साथ पसंद, चंद।

4. ख़ुशनुमा, दिलनुमा को एक साथ मतले में न बाँध कर ख़ुशनुमा (या दिलनुमा) के साथ दिलरुबा, हुआ, छुआ वग़ैरा क़ाफ़िए बाँधें तो हम इस ऐब के दायरे से बाहर हो जाएँगे।

2. ईता-ए-ख़फ़ी- जैसा कि हमें मा'लूम है ख़फ़ी या'नी छुपा हुआ। ये ऐब समझना काफ़ी पेचीदा यूँ भी है कि इसे हम सुन कर समझ नहीं सकते कि हमने मतले में जो क़वाफ़ी नज़्म किए हैं वो इस ऐब के दायरे में आते हैं कि नहीं। हिंदी ग़ज़ल में भी नामवर शाइर उर्दू की रिवायत ही के मुताबिक़ इस ऐब से बचने की कोशिश करते हैं जब कि हिंदी ज़बान में इस ऐब के मुतअल्लिक़ कोई ख़ास उसूल बनाए नहीं गए हैं। बहरहाल आइए इस ऐब को समझने की कोशिश करते हैं।

जैसा कि हमने हर्फ़-ए-रवी के बारे में जाना उसी के मुताबिक़ इस ऐब की शिनाख़्त काफ़ी आसान हो सकती है। उससे पहले हम कुछ अहम पहलुओं पर नज़र डाल लेते हैं कि- आब के साथ गुलाब, शबाब। आज के साथ ताज, ताराज़। गुलशन, अमदन के साथ फ़ौरन, उमूमन, ग़ालिबन। ख़ास के साथ पास, उदास, प्यास। नाज़, साज़ के साथ बयाज़, रियाज़, ऐतराज़ वग़ैरा क़वाफ़ी नहीं आ सकते और क्यूँ नहीं आ सकते ये समझने के लिए हमें नस्ता'लीक़ (उर्दू लिपि) की जानिब जाना होगा और समझना होगा कि उर्दू में–

1. अ दो तरह के होते हैं- अलिफ़ (ا) और ऐन (ع) बड़े आ को हम 'अलिफ़ + मद' (آ) की मदद से भी लिखते हैं जैसे- आब (آب), आज (آج) वग़ैरा और ऐन (ع) और अलिफ़ (ا) की मदद से भी लिखते हैं, जैसे- आलम (عالم) या आलिम (عالم)।

2. स चार तरह के होते हैं- से (ث), सीन (س), शीन (ش) और सुआद (ص)।

3. ज छह तरह के होते हैं- जीम (ج), ज़ाल (ذ), ज़े (ز), ज़्हे (ژ), ज़ुआद (ض) और ज़ोए (ظ)।

4. न दो तरह के होते हैं- नून (ن) और तन्वीन (اً)।

5. फ दो तरह के होते हैं- फ़े-फ़ (ف) और फ (پھ या'नी पे پ + दो चश्मी हे ھ)।

6. ह तीन तरह के होते हैं- छोटी हे (ہ), बड़ी हे (ح) और दो चश्मी हे (ھ)।

7. त दो तरह के होते हैं- ते (ت) और तोए (ط)।

8. ग दो तरह के होते हैं- गाफ़-ग (گ) और ग़ैन-ग़ (غ)।

9. क दो तरह के होते हैं- काफ़-क (ک) और क़ाफ़-क़ (ق)।

10. ख दो तरह के होते हैं- ख़े-ख़ (خ) और ख (کھ या'नी काफ़ ک + दो चश्मी हे ھ)।

अब हम समझते हैं कि आब के साथ गुलाब या आज के साथ ताज जैसे क़वाफ़ी क्यूँ नहीं आ सकते।

3. आब (آب), गुलाब (گلاب)- अगर हम दोनों लफ़्ज़ों को महज़ सुन कर देखें तो उनके तलफ़्फ़ुज़ से हमें कोई ख़ास अन्दाज़ा नहीं लग रहा कि ये इस ऐब के दायरे में आएँगे वहीं अगर हम इनकी बनावट देखें तो हम पाते हैं आब में अलिफ़ के ऊपर मद की अलामत है लेकिन गुलाब में लाम (हिंदी में ल) के साथ सिर्फ़ अलिफ़ है लिहाज़ा हर्फ़-ए-रवी एक जैसे नहीं हुए और ये ईता-ए-ख़फ़ी के ऐब के दायरे में आ गए। वैसे ही आज (آج) और ताज (تاج) के साथ है और यहाँ भी हर्फ़-ए-रवी एक जैसे नहीं हुए और ये क़वाफ़ी भी ईता-ए-ख़फ़ी के ऐब के दायरे में आ गए।

1. गुलशन (گلشن), अमदन (امدن) के साथ फ़ौरन (فوراً), उमूमन (اموماً) और ग़ालिबन (غالباً) जैसे अल्फ़ाज़ बतौर क़वाफ़ी इसी लिए नहीं आएँगे क्योंकि गुलशन और अमदन में जो न इस्ते'माल हुआ है वो नून (ن) है वहीं फ़ौरन, उमूमन और ग़ालिबन में जो न इस्ते'माल हुआ है वो तन्वीन (اً) है। लिहाज़ा ये सुनने में तो एक जैसे हैं लेकिन दिखने में नहीं और इसी लिए ही ये

भी ईता-ए-ख़फ़ी के ऐब के दायरे में आ जाते हैं।

2. ख़ास (خاص) के साथ पास (پاس), उदास (اداس) और प्यास (پیاس) जैसे अल्फ़ाज़ बतौर क़वाफ़ी इसी लिए नहीं आएँगे क्यूँ कि ख़ास में जो स इस्ते'माल हुआ है वो सुआद (ص) है और पास, उदास, प्यास में जो स इस्ते'माल हुआ है वो सीन (س) है। लिहाज़ा ये सुनने में तो एक जैसे हैं लेकिन दिखने में नहीं और इसी लिए ये भी ईता-ए-ख़फ़ी के ऐब के दायरे में आ जाते हैं।

3. नाज़ (ناز), साज़ (ساز) के साथ बयाज़ (بیاض), रियाज़ (ریاض) और ऐतराज़ (اعتراض) जैसे अल्फ़ाज़ बतौर क़वाफ़ी इसी लिए नहीं आएँगे क्योंकि नाज़ और साज़ में जो ज़ इस्ते'माल हुआ है वो ज़े (ز) है और बयाज़, रियाज़, ऐतराज़ में जो ज़ इस्ते'माल हुआ है वो ज़ुआद (ض) है। लिहाज़ा ये सुनने में तो एक जैसे हैं लेकिन दिखने में नहीं और इसी लिए ये भी ईता-ए-ख़फ़ी के ऐब के दायरे में आ जाते हैं।

ध्यान रखें–

इस ऐब को समझने में ज़ियादा दिमाग़ ख़र्च करने की कोई ज़रूरत नहीं है। बस इतना ध्यान रखें कि जब भी आप मतले के लिए क़वाफ़ी तय करें तब एक नज़र उनकी बनावट पर भी डाल लें। हर्फ़-ए-रवी को अच्छे से जाँच लें कि क्या दोनों क़वाफ़ी के आख़िरी हर्फ़ की आवाज़ के साथ-साथ उनकी बनावट भी एक-सी है कि नहीं। अगर है तो वो इस ऐब के दायरे में नहीं आएगा और अगर नहीं तो वो इस ऐब के दायरे में आ जाएगा।

नोट– ईता-ए-ख़फ़ी को ले कर उर्दू शाइरी में बहुत मतभेद हैं। इस ऐब को बहुत से शाइर मानते भी नहीं हैं। क़दीम असातेज़ा (पुराने उस्ताद शाइर) से ले कर जदीद (आधुनिक) शाइर तक कई बार इस ऐब की जानिब ध्यान भी नहीं देते। अगर आप खँगालने जाएँ तो आपको ऐसी हज़ारों मिसालें मिल जाएँगी जहाँ ये ऐब आसानी से बरामद हो जाएगा। लिहाज़ा मेरा नज़रिया भी यही कहता है कि बहुत सख़्ती से इस ऐब की पैरवी न की जाए। बहरहाल है तो ये ऐब ही सो जितना हो सके कोशिश भर इससे बचना चाहिए।

सौती क़ाफ़िया

जब लफ़्ज़ का तलफ़्फ़ुज़ क़ाफ़िए के ऐन मुताबिक़ हो लेकिन उसकी बनावट एक-सी न हो तब ऐसे लफ़्ज़ों के जोड़े को हम मतले में बतौर क़ाफ़िया नज़्म कर के बाक़ी के अशआर में ये आज़ादी ले सकते हैं जैसे- ज़े के साथ ज़ुआद पर ख़त्म होने वाले लफ़्ज़, सीन के साथ सुआद पर ख़त्म होने वाले लफ़्ज़ नून के साथ तन्वीन पर ख़त्म होने वाले लफ़्ज़, ते के साथ तोए और अलिफ़ के साथ छोटी हे पर ख़त्म होने वाले लफ़्ज़–

जैसे–

-नाज़ (ناز) और बयाज़ (بیاض) को मतले में बतौर क़ाफ़िया इस्ते'माल करने के बा'द बाक़ी के अशआर में साज़ (ساز), रियाज़ (ریاض) जैसे क़ाफ़िए,

-ख़ास (خاص) और पास (پاس) को मतले में बतौर क़ाफ़िया इस्ते'माल करने के बा'द बाक़ी के अशआर में उदास (اداس), प्यास (پیاس) जैसे क़ाफ़िए,

-गुलशन (گلشن) और फ़ौरन (فوراً) को मतले में बतौर क़ाफ़िया इस्ते'माल करने के बा'द बाक़ी के अशआर में उमूमन (اموماً), अमदन (امدن) जैसे क़ाफ़िए,

और

-ज़माना (زمانہ) और अच्छा (اچّھا) को मतले में बतौर क़ाफ़िया इस्ते'माल करने के बा'द बाक़ी के अशआर में इरादा (ارادہ), पहला (پہلا) जैसे क़ाफ़िए का इस्ते'माल करना।

लेकिन असातेज़ा आज भी इस इस्ते'माल को ईता-ए-ख़फ़ी का ऐब मानते हैं।

लफ़्ज़ और उसके टुकड़े
(शब्द और शब्दांश/ सिलेबल Syllable)

चूँकि अरूज़ की बुनियाद लफ़्ज़ का तलफ़्फ़ुज़ है लिहाज़ा तक़्तीअ कैसे करें, समझने से पहले हम यह जान लेते हैं कि किसी लफ़्ज़ को उसके तलफ़्फ़ुज़ के मुताबिक़ कैसे तोड़ते हैं।

मिसाल के तौर पर हम कुछ अल्फ़ाज़ लेते हैं।

जैसे–

इजाज़त, सदमा, साया, गुरेज़, मुसीबत, प्यार, परस्तिश, ज़िक्र, सहर, शह्र और आमदनी वग़ैरा।

अब हम इन तमाम अल्फ़ाज़ को इनके तलफ़्फ़ुज़ के मुताबिक़ तोड़ कर देखते हैं–

इजाज़त- इ / जा / ज़त (हम इसे कभी इजाज़ / त नहीं पढ़ते न पढ़ सकते हैं।)

सदमा- सद / मा (हम इसे कभी स / दमा नहीं पढ़ते न पढ़ सकते हैं।)

साया- सा / या (साया बहरसूरत साया ही पढ़ा जा सकता है।)

गुरेज़- गु / रे / ज़ (गुरेज़ भी बहरसूरत गुरेज़ ही पढ़ा जा सकता है।)

मुसीबत- मु / सी / बत (हम इसे कभी मुसीब / त नहीं पढ़ते न पढ़ सकते हैं।)

परस्तिश- प / रस् / तिश (हम इसे कभी परस्ति/ श या पर / स्तिश नहीं पढ़ते न पढ़ सकते।)

ज़िक्र- ज़िक् / र (हम इसे ज़ि / कर नहीं पढ़ते न पढ़ सकते हैं।)

सहर- स / हर (हम इसे सह / र नहीं पढ़ते न पढ़ सकते हैं।)

शह्र- शह् / र (हम इसे श / हर नहीं पढ़ते न पढ़ सकते हैं।)

आमदनी- आ / मद / नी (हम इसे आम / दनी नहीं पढ़ते न पढ़ सकते हैं।)

हमने देखा कि यहाँ हर लफ़्ज़ दो तरह से टुकड़ों में बाँटा गया है–

एक टुकड़ा एक हर्फ़ी सिलेबल है और दूसरा टुकड़ा दो हर्फ़ी सिलेबल। उर्दू के तमाम अल्फ़ाज़ इसी तरह से ही टुकड़ों में बँट सकते हैं कि उनके मुख़्तलिफ़

टुकड़े या तो एक हर्फ़ी सिलेबल हो सकते हैं या दो हर्फ़ी।

जैसे–

इजाज़त में तीन सिलेबल हैं– इ (एक हर्फ़ी) / जा (दो हर्फ़ी) / ज़त (दो हर्फ़ी)

सदमा में दो सिलेबल हैं– सद (दो हर्फ़ी) / मा (दो हर्फ़ी)

इसी तरह से–

गुरेज़ में तीन सिलेबल हैं– गु (एक हर्फ़ी) / रे (दो हर्फ़ी) / ज़ (एक हर्फ़ी)

और

आमदनी में भी तीन सिलेबल हैं– आ (दो हर्फ़ी) / मद (दो हर्फ़ी) / नी (दो हर्फ़ी)

नोट 1- एक हर्फ़ी सिलेबल-एक अक्षर का अंश, दो हर्फ़ी-दो अक्षर का अंश।

नोट 2- व्याकरण के अनुसार सिलेबल शब्द के स्वरिक (स्वर अक्षर से मिल कर बना शब्द) अंश को कहते हैं जैसे- काम जिसके दो अंश हैं का और म जिनमें का स्वरिक है लेकिन म नहीं लिहाज़ा का को सिलेबल कहेंगे लेकिन म को नहीं बावजूद इसके आपको समझने और मुझे समझाने में दुश्वारी पेश न आए इसी लिए मैंने शब्द के हर एक अंश को सिलेबल कहा है।

तक़्तीअ कैसे करें

ग़ज़ल कहने से पहले जिस पेचीदगी से हमें दो-चार होना पड़ता है उसे बह्र कहते हैं और इस बह्र का तमाम निज़ाम जिस मुश्किल की बिना पर क़ायम है उसे तक़्तीअ करना या'नी रुक्न की शिनाख़्त करना कहते हैं। ये समझना जितना मुश्किल है समझ में आने के बा'द उतना ही आसान मा'लूम पड़ता है। आगे बढ़ने से पहले मैं आपसे एक बात अर्ज़ कर दूँ कि ये बाब हर ग़ज़ल कहने वाले के लिए अहम है लिहाज़ा आप सब्र बरतते हुए इस बाब को पढ़ें और समझने की कोशिश करें। मैं आपको यक़ीन दिलाता हूँ कि एक बार में न सही लेकिन बहरहाल आपको ये तमाम निज़ाम समझ में ज़रूर आ जाएगा।

आगे बढ़ने से पहले मैं आपको कुछ वो बातें बता रहा हूँ जो आपको ज़ेह्न में बैठा ही लेनी है उसके बा'द ही आगे बढ़ना है। एक है ज़ेर, ज़बर, पेश की अलामत ज़ेर या'नी (हिंदी में इ की मात्रा), ज़बर या'नी (हिंदी में हर्फ़ का मूल स्वरूप ब मतलब ब, त मतलब त, द मतलब द वग़ैरा), पेश या'नी (हिंदी में उ की मात्रा) और दूसरी है मुतहर्रिक और साकिन हर्फ़। मुतहर्रिक या'नी हर्फ़ पर ज़ेर, ज़बर या पेश में से किसी एक की अलामत होना। साकिन या'नी हर्फ़ पर ज़ेर, ज़बर या पेश में से किसी की भी अलामत न होना।

तक़्तीअ या'नी रुक्न की शिनाख़्त करना। रुक्न के जमअ को हम अर्कान भी कहते हैं। अरूज़ में अर्कान को और भी कई नामों से पहचाना जाता है, जैसे- उसूल, मीज़ान वग़ैरा।

अर्कान तीन तरह के होते हैं- सबब, वतद और फ़ासिला। इन तीनों अर्कान को एक साथ मिला कर उसूल-ए-सहगाना भी कहा जाता है। सबब, वतद और फ़ासिला की दो-दो क़िस्में होती हैं।

1. सबब- सबब-ए-ख़फ़ीफ़ और सबब-ए-सक़ील।

2. वतद- वतद मज्मूअ और वतद मफ़रूक़।

3. फ़ासिला- फ़ासिला-ए-सोअरा और फ़ासिला-ए-कुबरा।

सबब

सबब-ए-ख़फ़ीफ़- या'नी दो ऐसे हुरूफ़ से बना लफ़्ज़ जिसका पहला हर्फ़ मुतहर्रिक हो और दूसरा हर्फ़ साकिन हो जैसे- दिल (دل), पल (پل), सुन (سن), बिन (بن), इन (ان), उन (ان), मिल (مل), तिल (تل) वग़ैरा-वग़ैरा। यहाँ हम देख सकते हैं हर एक लफ़्ज़ के पहले हर्फ़ पर ज़ेर, ज़बर पेश में से किसी न किसी एक की अलामत ज़रूर है और दूसरा हर्फ़ साकिन है लिहाज़ा ये सबब-ए-ख़फ़ीफ़ की मिसाल हुआ।

सबब-ए-सक़ील- या'नी दो ऐसे हुरूफ़ से बना लफ़्ज़ जिसके दोनों ही हर्फ़ मुतहर्रिक हों लेकिन उर्दू में ऐसा कोई लफ़्ज़ नहीं होता जिसका आख़िर का हर्फ़ साकिन न हो लिहाज़ा सबब-ए-सक़ील की मिसाल सिर्फ़ इज़ाफ़त या'नी तरकीबी सूरत या अत्फ़ ही में मिलना मुमकिन हो सकता है। जैसे- इज़ाफ़त में- ग़म-ए-दिल या ग़मे-दिल (غمِ-دل) और अत्फ़ में दिल-ओ-जाँ या दिलो-जाँ (دل و جاں)।

ग़मे-दिल में हम देखते हैं मीम-म के नीचे इज़ाफ़त है लिहाज़ा ग़म-ए हुआ ग़मे (غمِ) यहाँ देख सकते हैं कि मीम-म के नीचे ज़ेर की अलामत आ गई और ये मुतहर्रिक हो गया इसी तरह दिल-ओ हुआ दिलो (دلو) और दाल-द के नीचे पेश की अलामत आ गई और ये भी मुतहर्रिक हो गया लिहाज़ा ये सबब-ए-सक़ील की मिसाल हुए।

वतद

वतद मज्मूअ- या'नी तीन ऐसे हुरूफ़ (अक्षरों Letters) से बना लफ़्ज़ जिसके पहले दो हर्फ़ मुतहर्रिक हों और तीसरा हर्फ़ साकिन हो। जैसे- हवा (ہوا), सफ़र (سفر), सहर (سحر), गुज़र (گزر), दवा (دوا) वग़ैरा-वग़ैरा। यहाँ देख सकते हैं कि इन तमाम अल्फ़ाज़ के पहले दो हर्फ़ मुतहर्रिक हैं और आख़िरी या'नी तीसरा हर्फ़ साकिन है। जैसे- हवा में छोटी हे-ह , वाओ-व मुतहर्रिक हैं और अलिफ़-अ साकिन। इसी तरह से सफ़र में सीन-स और फ़े-फ़ मुतहर्रिक हैं और रे-र साकिन है लिहाज़ा ये और ऐसे तमाम अल्फ़ाज़ वतद मज्मूअ की

मिसाल होंगे।

वतद मफ़रूक़- जिस तरह से वतद मज्मूअ में पहले एक हर्फ़ी होता है और बा'द में दो हर्फ़ी सिलेबल होता है वतद मफ़रूक़ ठीक उसके उल्टा होता है या'नी पहले दो हर्फ़ी और बा'द में एक हर्फ़ी सिलेबल। इसमें लफ़्ज़ का पहला हर्फ़ मुतहर्रिक होता है दूसरा साकिन और तीसरा मुतहर्रिक लेकिन सबब-ए-सक़ील ही की तरह यहाँ भी वही हालात बनते हैं कि उर्दू में ऐसा कोई लफ़्ज़ नहीं होता लिहाज़ा वतद मफ़रूक़ भी इज़ाफ़त या अत्फ़ ही के साथ मुमकिन है। जैसे इज़ाफ़त में- फ़िक्र-ए-बदन (فکر-بدن), ज़िक्र-ए-सहर (ذکر-سحر) वग़ैरा, यहाँ फ़िक्र-ए हुआ फ़िक्रे बल्कि फ़िक + रे (فکر) या'नी हम देख सकते हैं कि फ़े-फ़ मुतहर्रिक है, काफ़-क साकिन है और रे-र मुतहर्रिक है। इसी तरह से ज़िक्र-ए-सहर में भी होगा। अब वतद मफ़रूक़ को हम अत्फ़ में देखते हैं। जैसे- वस्ल-ओ-हिज्र (وصل و ہجر) यहाँ वस्ल-ओ हुआ वस्लो बल्कि वस + लो या'नी यहाँ- वाओ-व मुतहर्रिक हुआ सुआद-स साकिन और लाम-ल हुआ मुतहर्रिक लिहाज़ा ये वतद मफ़रूक़ की मिसाल हुआ।

फ़ासिला

फ़ासिला-ए-सोअरा (इसे फ़ासिला-ए-सोहलत भी कहते हैं)- ये सबब-ए-सक़ील और सबब-ए-ख़फ़ीफ़ से मिल कर बनता है। या'नी चार ऐसे हुरूफ़ से बना लफ़्ज़ जिसके पहले तीन हुरूफ़ मुतहर्रिक हों और चौथा हर्फ़ साकिन हो। जैसे-ग़लती (غلطی), हरकत (حرکت) या निगराँ (نگراں) वग़ैरा। यहाँ हम देख सकते हैं कि मिसाल के तौर पर लिखे गए हर एक लफ़्ज़ के शुरूआती तीन हर्फ़ मुतहर्रिक हैं और आख़िर का एक हर्फ़ साकिन है। जैसे- ग़लती में हम देख सकते हैं कि ग़ैन-ग़, लाम-ल और तोए-त मुतहर्रिक हैं और आख़िरी हर्फ़ छोटी ये-ई साकिन लिहाज़ा ये और ऐसे तमाम अल्फ़ाज़ जिनके पहले तीन हुरूफ़ मुतहर्रिक और आख़िर का चौथा हर्फ़ साकिन हो वो फ़ासिला-ए-सोअरा की मिसाल होंगे।

फ़ासिला-ए-कुबरा (इसे फ़ासिला-ए-ज़ब्त भी कहते हैं)- या'नी पाँच ऐसे हुरूफ़ से बना लफ़्ज़ जिसके शुरूआती चार हर्फ़ मुतहर्रिक हों और आख़िर का एक हर्फ़ साकिन हो। इसकी भी मिसाल उर्दू ज़बान में नहीं मिलती लिहाज़ा ये भी सिर्फ़ इज़ाफ़त या अत्फ़ की सूरत ही में मिल सकता है। जैसे इज़ाफ़त में-ग़म-ए-सफ़र (غم-سفر) हुआ ग़मे-सफ़र (غمِ سفر) यहाँ हम देख सकते हैं कि ग़ैन-ग़,

मीम-म, सीन-स, फ़े-फ़ मुतहर्रिक हैं और रे-र साकिन। अत्फ़ में-गुल-ओ-शजर (گل و شجر) हुआ गुलो-शजर (گل شجر) यहाँ हम देख सकते हैं कि गाफ़-ग, लाम-ल, शीन-श, जीम-ज मुतहर्रिक हैं और रे-र साकिन लिहाज़ा ये फ़ासिला-ए-कुबरा की मिसाल हुए।

ध्यान रखें–

1. यहाँ तमाम मिसालों में जो इज़ाफ़त लगी है वो कसरा इज़ाफ़त कहलाती है लिहाज़ा इज़ाफ़त और अत्फ़ जहाँ-जहाँ इस्ते'माल हुआ है, वहाँ हमें लफ़्ज़ का तलफ़्फ़ुज़ इख़्तेसार (बहुत हल्के से संक्षिप्त रूप में) के साथ करना है। या'नी हम उसे खींच कर नहीं पढ़ेंगे।
2. नून ग़ुन्ना तक़्तीअ में शुमार (गिना) नहीं किया जाता।

वो जुज़ जिनसे तमाम अरूज़ी अर्कान बनते हैं

1. मुफ़ा (مفا)- वतद मज्मूअ
2. इलुन (علن)- वतद मज्मूअ
3. फ़ऊ (فعو)- वतद मज्मूअ
4. फ़ा'ल (فعل)- वतद मज्मूअ (लाम-ल आख़िर में साकिन है।)
5. मुस (مس)- सबब-ए-ख़फ़ीफ़
6. तफ़ (تف)- सबब-ए-ख़फ़ीफ़
7. फ़ा (فا)- सबब-ए-ख़फ़ीफ़
8. ई (ئي)- सबब-ए-ख़फ़ीफ़
9. फ़अ (فع)- सबब-ए-ख़फ़ीफ़
10. मुत (مت)- सबब-ए-सक़ील
11. इल (عل)- सबब-ए-सक़ील
12. फ़े'ल (فعل)- वतद मफ़रूक़ (ऐन-अ बीच में साकिन है।)
13. फ़ाए (فاع)- वतद मज्मूअ (ऐन-अ आख़िर में साकिन है।)
14. तफ़ए (تفع)- वतद मफ़रूक़ (ते-त मुतहर्रिक, फ़े-फ़ साकिन, और ऐन-अ मुतहर्रिक।)
15. लातु (لات)- वतद मज्मूअ (ते-त साकिन है बाक़ी के दो हुरूफ़ लाम-ल, अलिफ़-अ मुतहर्रिक।)
16. लुन (لن)- सबब-ए-ख़फ़ीफ़

इन तमाम जुज़ से मिल कर जो अरूज़ी अर्कान बनते हैं, उनमें सात हर्फ़ी अर्कान की ता'दाद सात और पाँच हर्फ़ी अर्कान की ता'दाद दो होती है।

सात हर्फ़ी अर्कान

1. मुफ़ा ई लुन ((1222)- (مفاعیلن)- मुफ़ा (مفا) + ई (عی) + लुन (لن)
2. मुस् तफ़ इलुन (2212)-(مستفعلن)- मुस् (مس) + तफ़ (تف) + इलुन (علن)
3. फ़ा इला तुन (2122)-(فاعلاتن)- फ़ा (فا) + इला (علا) + तुन (تن)
4. मुस तफ़े लुन (2122)-(مستفعلن)- मुस (مس) + तफ़े' (تفع) + लुन (لن)
5. मफ़ ऊ लातु (2221)-(مفعولات)- मफ़ (مف) + ऊ (عو) + लातु (لات)
6. मुफ़ा इल तन (12112)-(مفاعلتن)- मुफ़ा (مفا) + इल (عل) + तन (تن)
7. मुत फ़ा इलुन (11212)-(متفاعلن)- मुत (مت) + फ़ा (فا) + इलुन (علن).

पाँच हर्फ़ी अर्कान

1. फ़ऊ लुन (122)-(فعولن)- फ़ऊ (فعو) + लुन (لن)
2. फ़ा इलुन (212)-(فاعلن)- फ़ा (فا) + इलुन (علن)

आइए पहले बताए गए उस्लूब के मुताबिक़ ग़ालिब के इस शे'र की तक़्तीअ कर के देखते हैं।

मुहब्बत में नहीं है फ़र्क़ जीने और मरने का
उसी को देख कर जीते हैं जिस काफ़िर पे दम निकले

अब हम इन दोनों ही मिसरों को चार मुख़्तलिफ़ टुकड़ों में बाँट देते हैं–

मुहब्बत में । नहीं है फ़र् । क़ जीने औ । र मरने का
उसी को दे । ख कर जीते । हैं जिस काफ़िर । पे दम निकले

या'नी इस शे'र के अर्कान हुए- मुफ़ाईलुन (1222)। मुफ़ाईलुन (1222)। मुफ़ाईलुन (1222)। मुफ़ाईलुन (1222) (बहरों के मुतअल्लिक़ और भी तफ़्सील से अगले बाब में समझेंगे।)

चूँकि मुफ़ाईलुन रुक्न बना है मुफ़ा + ई + लुन से और जैसा कि हमने समझा कि मुफ़ा-वतद मज्मूअ है या'नी मुफ़ा के पहले दो हर्फ़ मुतहर्रिक हैं और तीसरा हर्फ़ साकिन।

मुफ़ा (مفا) = (म م) + (फ़ ف) + (अ ا) और छोटा उ हुआ पेश।

मु या'नी मीम- म पर (पेश की अलामत)

फ़ या'नी फ़े- फ़ पर (ज़बर की अलामत)

अ या'नी- अलिफ़-अ (साकिन)

ई सबब-ए-ख़फ़ीफ़ है या'नी पहला हर्फ़ मुतहर्रिक और दूसरा हर्फ़ साकिन।

ई (عی) = (अ ع) + (छोटी ए-ی)

अ या'नी ऐन-अ पर (ज़बर की अलामत)

ई या'नी छोटी ए (साकिन)

लुन भी सबब-ए-ख़फ़ीफ़ हुआ।

लुन (لُن) = (ल ل) + (न ن)

ल या'नी लाम-ल पर (पेश की अलामत)

न या'नी नून-न (साकिन)

आइए तक़्तीअ करते हैं–

मुहब्बत में (محبّت میں)

मुहब्बत में- को हम मुफ़ाईलुन के मुताबिक़ तीन हिस्सों में बाँट लेते हैं-

मुफ़ा-मुहब् (محب) । ई-बत (بت) । लुन-में (میں)

यहाँ हम देख सकते हैं कि मुहब में म, ह मुतहर्रिक हैं और ब साकिन है। बत' में ब मुतहर्रिक है और त साकिन है। में में म मुतहर्रिक है और ए साकिन है। (नून ग़ुन्ना 'ں' तक़्तीअ में शुमार नहीं किया जाता।)

नहीं है फ़र् (نہیں ہے فر)

नहीं है फ़र्-को भी हम मुफ़ाईलुन के मुताबिक़ तीन हिस्सों में बाँट लेते हैं-

मुफ़ा-नहीं (نہیں) । ई-है (ہے) । लुन-फ़र् (فر)

यहाँ हम देख सकते हैं कि नहीं में न, ह मुतहर्रिक हैं और ए साकिन है। है में ह मुतहर्रिक है और ए साकिन है, फ़र् में फ़ मुतहर्रिक है और र साकिन।

क़ जीने औ (ق جینے او)

क़ जीने औ-को भी हम मुफ़ाईलुन के मुताबिक़ तीन हिस्सों में बाँट लेते हैं-

मुफ़ा-क़ जी (ق جی) । ई-ने (نے) । लुन-औ (او)

यहाँ हम देख सकते हैं कि क़ जी में क़, ज मुतहर्रिक हैं और ए साकिन है। ने में न मुतहर्रिक है और ए साकिन है और औ में अ मुतहर्रिक है और व साकिन है। (उर्दू औ अलिफ़ अ और वाओ व की मदद से लिखा जाता है।)

र मरने का (ر مرنے کا)

र मरने का-को भी हम मुफ़ाईलुन के मुताबिक़ तीन हिस्सों में बाँट लेते हैं-

मुफ़ा-र मर (ر مر) । ई-ने (نے) । लुन-का (کا)

यहाँ हम देख सकते हैं कि र मर में र, म मुतहर्रिक हैं और आख़िरी का र साकिन है। ने में-न मुतहर्रिक है और ए साकिन है और का में क मुतहर्रिक है और अ साकिन है।

इसी तरह से आप सानी मिसरे को चार टुकड़ों में तोड़ कर देखेंगे और पाएँगे कि इस शे'र के अर्कान–मुफ़ाईलुन । मुफ़ाईलुन । मुफ़ाईलुन। मुफ़ाईलुन हैं।

आइए देखते हैं–

उसी को दे (اس کو دے)

उसी को दे-को हम मुफ़ाईलुन के मुताबिक़ तीन हिस्सों में बाँट लेते हैं–

मुफ़ा-उसी (اس) । को (کو) । लुन-दे (دے)

यहाँ हम देख सकते हैं कि उसी में अ-अलिफ़ (उ या'नी अलिफ़ में पेश की अलामत।), स मुतहर्रिक हैं और ए साकिन है। को में क मुतहर्रिक है और ओ या'नी वाओ साकिन है और दे में द मुतहर्रिक है और ए साकिन है।

ख कर जीते (کھ کر جیتے)

ख कर जीते-को भी हम मुफ़ाईलुन के मुताबिक़ तीन हिस्सों में बाँट लेते हैं-

मुफ़ा-ख कर (کھ کر) । ई-जी (جی) । लुन-ते (تے)

यहाँ हम देख सकते हैं कि ख कर' में ख, क मुतहर्रिक हैं और र साकिन है। जी में ज मुतहर्रिक है और ए साकिन है और ते में त मुतहर्रिक है और ए साकिन है।

हैं जिस काफ़िर (ہیں جس کافر)

हैं जिस काफ़िर-को भी हम मुफ़ाईलुन के मुताबिक़ तीन हिस्सों में बाँट लेते हैं-

मुफ़ा-हैं जिस (ہیں جس) । का (کا) । लुन-फ़िर (فر)

यहाँ हम देख सकते हैं कि हैं में ए मुतहर्रिक है (उर्दू में हैं छोटी हे, छोटी ए और नून ग़ुन्ना की मदद से बनता हैं यहाँ छोटी ए गिराई गई है चूँकि नून ग़ुन्ना तक़्तीअ में शुमार नहीं होता लिहाज़ा यहाँ सिर्फ़ छोटी हे बाक़ी रह जाती है और इसे समझने के लिए हम छोटी हे को ज़ेर की अलामत के साथ लिखेंगे), जिस में ज मुतहर्रिक है और स साकिन है। का में क मुतहर्रिक है और अ-साकिन है।

फ़िर में फ़ मुतहर्रिक है और र साकिन है।

पे दम निकले (پے دم نکلے)

पे दम निकले-को भी हम मुफ़ाईलुन के मुताबिक़ तीन हिस्सों में बाँट लेते हैं–

मुफ़ा-पे दम (پے دم) । ई-निक (نک) । लुन-ले (لے)

यहाँ हम देख सकते हैं कि पे मुतहर्रिक है। दम में द मुतहर्रिक है म साकिन है। निक में न मुतहर्रिक है और क साकिन है। ले में ल मुतहर्रिक है और ए साकिन है।

इस तरह से हमने सीखा कि कैसे मंतक़ी तौर पर (तार्तिक रूप से Logically) तक़्तीअ की जाती है।

आइए तक़्तीअ करने के इस मुश्किल क़ायदे को थोड़ा और आसान करते हैं–

1. एक हर्फ़ी अल्फ़ाज़ का वज़्न हमेशा 1 ही गिना जाता है। जैसे-कि, न, य, र, प, ब वग़ैरा।

2. दो हर्फ़ी अल्फ़ाज़ का वज़्न लेने की दो सूरत होती हैं अगर लफ़्ज़ के दोनों हर्फ़ व्यंजन हों, जैसे-दिल, चल, मिल, सुन, कह वग़ैरा-वग़ैरा, तब इनका वज़्न '2' ही गिना जाता है लेकिन लफ़्ज़ में हर्फ़-ए-इल्लत (स्वर की मात्रा) है या वो स्वर मात्रा ही का लफ़्ज़ है तब इस सूरत में उसका वज़्न 2 और 1 दोनों तरह से गिन सकते हैं। जैसे- आ, ऐ, ओ, औ, ऊ वग़ैरा-वग़ैरा।

3. तीन हर्फ़ी अल्फ़ाज़ का वज़्न उनके तलफ़्फ़ुज़ के मुताबिक़ 12 या 21 वज़्न लेते हैं। जैसे- निकल (12), उतर (12), शह्र (21), क़ह्र (21), किधर (12), अभी (12 या 11), कभी (12 या 11), कही (12 या 11), सुना (12 या 11), सुनो (12 या 11), चले (12 या 11), और (21) और को अर के वज़्न (2) में भी गिन सकते हैं वग़ैरा-वग़ैरा।

4. चार हर्फ़ी अल्फ़ाज़ का वज़्न भी उनके तलफ़्फ़ुज़ के मुताबिक़ लेते हैं। जैसे- दिलबर (22), चलकर (22), अक्सर (22), फ़ुर्सत (22), पेशा (22 या 21), दावा (22 या 21), बहरा (22 या 21), आए (22 या 21) वग़ैरा-वग़ैरा।

5. पाँच हर्फ़ी अल्फ़ाज़ का वज़्न भी उनके तलफ़्फ़ुज़ के मुताबिक़ ही लेते

हैं। जैसे- मुहब्बत (122), सुनाया, (122 या 121), शराफ़त (122), इज़ाफ़त (122), रहगुज़र (212), उठाई (122 या 121) जलाए (122 या 121) वग़ैरा-वग़ैरा।

6. छह हर्फ़ी अल्फ़ाज़ का वज़्न भी इन्हीं शर्तों पर लेते हैं। जैसे- मुलाक़ात (1221), घनचक्कर (222), बहलाया (222 या 221), इतराते (222 या 221), सुनवाती (222 या 221), आईना (222, 212, 211, 221) आईना में सिर्फ़ अलिफ़ नहीं गिर सकता क्योंकि अलिफ़ पर मद लगा हुआ है। लेकिन हम छोटी ए को गिरा कर हम्ज़ा ज़ेर की अलामत के साथ लिख देते हैं और नून के बा'द जो छोटी हे है उसे गिरा कर उसको एक हर्फ़ी के तौर पर गिन लेते हैं। इसी तरह दीवाना (222, 122, 221) वज़्न में ले सकते हैं क्यूँ कि यहाँ दाल के बा'द की छोटी ए गिरा कर उसे ज़ेर की अलामत के साथ लिखा जा सकता है और दी को दि पढ़ा जा सकता है। नून का यहाँ वही मसअला है, जो आईना में था।

नोट– किसी भी लफ़्ज़ का आख़िरी लफ़्ज़ अगर स्वर मात्रिक (जिसमें आ, ई, ओ, ऊ, ए वग़ैरा की मात्रा लगी) हो, तो हम उसका वज़्न गिरा सकते हैं जैसा कि हमने अभी, कभी, कही, सुना, सुनो, चले, पेशा, दावा, बहरा सुनाया, उठाई, जलाए, बहलाया, इतराते और सुनवाती के वज़्न में देखा।

-छोटी हे (ہ) पर ख़त्म होने वाले अल्फ़ाज़ (जिनकी एक लम्बी फ़ेहरिस्त किताब के आख़िर में दी गई है) के भी आख़िरी लफ़्ज़ के वज़्न को हम गिरा सकते हैं।

1. उर्दू के जिस लफ़्ज़ के आख़िर में ऐन (ع) आए और ये ऐन जब किसी दो हर्फ़ी सिलेबल के बा'द आए (जैसे- जमअ, मनअ, अलविदाअ, इत्तिलाअ, शमअ, शुरूअ, वसीअ, तुलूअ, तक़्तीअ, इख़्तिराअ, तौसीअ, रुकूअ, ताबेअ, रुजूअ, सुजाअ, वज़अ, सफ़ीअ, वाक़ेअ, वक़ीअ, तमअ, तालेअ, इज्तिमाअ वग़ैरा), तब ये ऐन तक़्तीअ में एक के वज़्न में शुमार होगा।

(जैसे- जमअ (21) मनअ (21) अलविदाअ (2121), इत्तिलाअ (2121), शमअ (21), शुरूअ (121), वसीअ (121), तुलूअ (121), तक़्तीअ (221), इख़्तिराअ-(2121), तौसीअ-(221), रुकूअ (121), ताबेअ (221), रुजूअ (121), शुजाअ (121), वज़अ (21), सफ़ीअ (121), वाक़ेअ (221), वक़ीअ (121), तमअ (21), तालेअ (221), इज्तिमाअ

(2121) लेकिन यही ऐन अगर एक हर्फ़ी के बा'द आए तो ये तक़्तीअ में अलग से शुमार नहीं होगा, जैसे-मतलअ (22), मुलम्मअ-(222), मअलूम या मा'लूम (221), तअबीर या ता'बीर (221) वग़ैरा।

2. कुछ लफ़्ज़ जिनका वज़्न लेते वक़्त हम अधिकतर ग़लती कर देते हैं। जैसे- शहर-शह्‌र (21), ज़हर-ज़ह्‌र (21), लहर-लह्‌र (21), बहर-बह्‌र (21), दहर-दह्‌र (21), क़हर-क़ह्‌र (21), नहर-नह्‌र (21), महर-मह्‌र (21) सहन-सह्न (21), रहम-रह्म (21), रहल-रह्ल (21), ज़ेहन-ज़ेह्न (21), वहम-वह्म (21), दफ़्न (21) (दफ़न ग़लत है), ज़ख़्म (21) (ज़ख़म ग़लत है), अम्न (21) (अमन ग़लत है), वज्ह (21) (वजह ग़लत है), उम्र (21) (उमर ग़लत है), सुल्ह (21) (सुलह ग़लत है), सत्ह-21 (सतह ग़लत है), सहल-सह्ल (21), वज़्न (21) (वज़न ग़लत है), सुब्ह (21) (सुबह ग़लत है)।

ध्यान रखें–

1. हमें लफ़्ज़ की इल्लत (मात्रा) गिराते वक़्त हमेशा एक बात याद रखनी है कि उसका अस्ल तलफ़्फ़ुज़ न ख़राब हो। जैसे- हम आईना को अईना, सूना को सुना, आया को अया नहीं कर सकते।

2. किसी भी लफ़्ज़ के पहले लफ़्ज़ का वज़्न कभी नहीं गिराया जा सकता चाहे वो स्वर मात्रिक हो या न हो। जैसे- आता, सोचा, आदमी, पेशा, दा'वा और ताबानी जैसे तमाम अल्फ़ाज़ का वज़्न कभी एक से शुरूअ नहीं हो सकता।

3. मेरे और तेरे दोनों लफ़्ज़ों को (22, 12, या 11) के वज़्न पर और ये (यह), वो (वह) को वज़्न (1 या 2) के वज़्न पर लेना राइज है।

4. इंकार वाले न का वज़्न उर्दू शाइरी में सख़्ती के साथ (1) ही शुमार किया जाता है लेकिन इसरार (आग्रह) वाले ना जैसे- आओ ना, सुनो ना वग़ैरा में ना को (2 या 1) के वज़्न में शुमार किया जा सकता है।

5. कि का वज़्न भी उर्दू शाइरी में सख़्ती के साथ (1) ही शुमार किया जाता है।

बह्र और उसका ढाँचा

उमूमन बहरों में दो से ले कर चार अर्कान होते हैं लेकिन चार से ज़ियादा और दो से कम या'नी महज़ एक रुक्न की भी बह्र होती है। शे'र के दोनों ही मिसरों में अर्कान की ता'दाद हमेशा बराबर रहती है।

1. अगर बह्र में मिसरे में चार (शे'र में आठ) अर्कान हैं तो उसे हम मुसम्मन कहते हैं।

2. अगर बह्र में मिसरे में तीन (शे'र में छह) अर्कान हैं तो उसे हम मुसद्दस कहते हैं।

3. अगर बह्र में मिसरे में दो (शे'र में चार) अर्कान होते हैं तो उसे हम मुरब्बा कहते हैं।

4. अगर बह्र में मिसरे में एक (शे'र में दो) रुक्न होते हैं तो उसे हम मुसना कहते हैं।

5. अगर बह्र में मिसरे में पाँच (शे'र में दस) अर्कान होते हैं तो उसे हम मोअश्शर कहते हैं।

6. अगर बह्र में मिसरे में आठ (शे'र में सोलह) अर्कान होते हैं तो उसे हम मुज़ाइफ़ कहते हैं।

बह्र के मुख़्तलिफ़ टुकड़े और उनके इस्तेलाही नाम–

मिसाल के तौर पर हम बह्र-ए-हज़ज का इंतेख़ाब (चुनाव) करते हैं–

1. बह्र-ए-हज़ज मुसम्मन सालिम

मुफ़ाईलुन (इसे कहेंगे सद्र) । मुफ़ाईलुन (इसे कहेंगे हस्व) । मुफ़ाईलुन (इसे भी कहेंगे हस्व) । मुफ़ाईलुन (इसे कहेंगे अरूज़)

मुफ़ाईलुन (इसे कहेंगे इब्तेदा) । मुफ़ाईलुन (इसे कहेंगे हस्व) । मुफ़ाईलुन (इसे भी कहेंगे हस्व)। मुफ़ाईलुन (इसे कहेंगे ज़र्ब)

2. बह्र-ए-हज़ज मुसद्दस सालिम

मुफ़ाईलुन (इसे कहेंगे सद्र) । मुफ़ाईलुन (इसे कहेंगे हस्व) । मुफ़ाईलुन (इसे कहेंगे अरूज़)

मुफ़ाईलुन (इसे कहेंगे इब्तेदा) । मुफ़ाईलुन (इसे कहेंगे हस्व) । मुफ़ाईलुन (इसे कहेंगे ज़र्ब)

3. बह्र-ए-हज़ज मुरब्बा सालिम

मुफ़ाईलुन (इसे कहेंगे सद्र) । मुफ़ाईलुन (इसे कहेंगे अरूज़)

मुफ़ाईलुन (इसे कहेंगे इब्तेदा) । मुफ़ाईलुन (इसे कहेंगे ज़र्ब)

नोट–अरूज़ को मतलअ और ज़र्ब को अब्ज़ भी कहते हैं।

सालिम बहरें–

सालिम या'नी बह्र का मूल रूप जिसमें तमाम रुक्न एक से होते हैं और उनमें कोई बदलाव नहीं किया जाता। सालिम रुक्न से बनने वाली बहरों की ता'दाद बुनियादी तौर पर सात होती है।

1. मुफ़ाईलुन (1222) रुक्न से बनने वाली बह्र को हम बह्र-ए-हज़ज़ कहते हैं।
2. फ़ाइलातुन (2122) रुक्न से बनने वाली बह्र को हम बह्र-ए-रमल कहते हैं।
3. मुतफ़ाइलुन (11212) रुक्न से बनने वाली बह्र को हम बह्र-ए-कामिल कहते हैं।
4. मुसतफ़इलुन (2212) रुक्न से बनने वाली बह्र को हम बह्र-ए-रजज़ कहते हैं।
5. फ़ऊलुन (122) रुक्न से बनने वाली बह्र को हम बह्र-ए-मुतक़ारिब कहते हैं।
6. फ़ाइलुन (212) रुक्न से बनने वाली बह्र को हम बह्र-ए-मुतदारिक कहते हैं।
7. मुफ़ाइलतन (12112) रुक्न से बनने वाली बह्र को हम बह्र-ए-वाफ़र कहते हैं।

नोट– जब बह्र में अर्कान की ता'दाद आठ (दोनों मिसरों की मिलाकर)

हो, तब इन्हें हम मुफ़रद बहरें कहते हैं। या'नी मुफ़रद बहरों की ता'दाद हुई सात।

बह्र -ए-हज़ज मुसम्मन सालिम

अर्कान–

मुफ़ाईलुन, मुफ़ाईलुन, मुफ़ाईलुन, मुफ़ाईलुन
मुफ़ाईलुन, मुफ़ाईलुन, मुफ़ाईलुन, मुफ़ाईलुन

वज़्न–

1222, 1222, 1222, 1222
1222, 1222, 1222, 1222

मिसाल–

मुहब्बत में नहीं है फ़र्क़ जीने और मरने का
उसी को देख कर जीते हैं जिस काफ़िर पे दम निकले
–ग़ालिब

तक़्तीअ–

मु (मु-1), हब् (फ़ा-2), बत (ई-2) में (लुन-2)
न (मु-1), हीं (फ़ा-2) है, (ई-2) फ़र्, (लुन-2)
क़ (मु-1), जी (फ़ा-2), ने (ई-2), औ (लुन-2)
र (मु-1), मर (फ़ा-2), ने (ई-2), का (लुन-2)
उ (मु-1), सी (फ़ा-2), को (ई-2), दे (लुन-2)
ख (मु-1), कर (फ़ा-2), जी (ई-2), ते (लुन-2)
हैं (मु-1), जिस (फ़ा-2), का (ई-2), फ़िर (लुन-2)
पे (मु-1), दम (फ़ा-2), निक (ई-2), ले (लुन-2)

बह्र-ए-हज़ज मुसद्दस सालिम

अर्कान–

मुफ़ाईलुन, मुफ़ाईलुन, मुफ़ाईलुन
मुफ़ाईलुन, मुफ़ाईलुन, मुफ़ाईलुन

वज़्न–

1222, 1222, 1222
1222, 1222, 1222

मिसाल–

ज़मीं के सीने का जब बोझ देखोगे
लगेगा अगले पल मर जाएगी दब कर

तक़्तीअ–

ज़ (मु-1), मीं (फ़ा-2), के (ई-2), सी (लुन-2)
ने (मु-1), का (फ़ा-2), जब (ई-2), बो (लुन-2)
झ (मु-1), दे (फ़ा-2), खो (ई-2), गे (लुन-2)
ल (मु-1), गे (फ़ा-2), गा (ई-2), अग (लुन-2)
ले (मु-1), पल (फ़ा-2), मर (ई-2), जा (लुन-2)
ए (मु-1), गी (फ़ा-2), दब (ई-2),कर (लुन-2)

बह्र-ए-हज़ज मुरब्बा सालिम

अर्कान–

मुफ़ाईलुन, मुफ़ाईलुन
मुफ़ाईलुन, मुफ़ाईलुन

वज़्न–

1222, 1222
1222, 1222

मिसाल–

तेरा मुझसे बिछड़ना भी
मेरे नज़दीक होना है

तक़्तीअ–

ते (मु-1), रा (फ़ा-2), मुझ (ई-2), से (लुन-2)
बि (मु-1), छड़ (फ़ा-2), ना (ई-2), भी (लुन-2)
मे (मु-1), रे (फ़ा-2), नज़ (ई-2), दी (लुन-2)
क (मु-1), हो (फ़ा-2), ना (ई-2), है (लुन-2)

बह्र-ए-हज़ज मुसना सालिम

अर्कान–

मुफ़ाईलुन

मुफ़ाईलुन

वज़्न–

1222

1222

बह्र-ए-हज़ज मुज़ाइफ़ सालिम

अर्कान–

मुफ़ाईलुन, मुफ़ाईलुन, मुफ़ाईलुन, मुफ़ाईलुन, मुफ़ाईलुन, मुफ़ाईलुन, मुफ़ाईलुन, मुफ़ाईलुन

मुफ़ाईलुन, मुफ़ाईलुन, मुफ़ाईलुन, मुफ़ाईलुन, मुफ़ाईलुन, मुफ़ाईलुन, मुफ़ाईलुन, मुफ़ाईलुन

वज़्न–

1222, 1222, 1222, 1222, 1222, 1222, 1222, 1222

1222, 1222, 1222, 1222, 1222, 1222, 1222, 1222

चूँकि मुसना और मुज़ाइफ़ बहुत राइज बहरें नहीं हैं लिहाज़ा इनके बारे में हम इतनी ही बात करेंगे।

बह्र-ए-रमल मुसम्मन सालिम

अर्कान–

फ़ाइलातुन, फ़ाइलातुन, फ़ाइलातुन, फ़ाइलातुन

फ़ाइलातुन, फ़ाइलातुन, फ़ाइलातुन, फ़ाइलातुन

वज़्न–

2122, 2122, 2122, 2122

2122, 2122, 2122, 2122

मिसाल–

जा रहा है जा चला जा हाँ मगर इतना तो कर जा

जाते-जाते साथ मेरे कोई इक धोखा तो कर जा

तक़्तीअ–

जा (फ़ा-2), र (इ-1), हा (ला-2), है (तुन-2)

जा (फ़ा-2), च (इ-1), ला (ला-2), जा (तुन-2)

हाँ (फ़ा-2), म (इ-1), गर (ला-2), इत (तुन-2)
ना (फ़ा-2), तो (इ-1), कर (ला-2), जा (तुन-2)
जा (फ़ा-2), ते (इ-1), जा (ला-2), ते (तुन-2)
सा (फ़ा-2), थ (इ-1), मे (ला-2), रे (तुन-2)
को (फ़ा-2), ई (इ-1), इक (ला-2), धो (तुन-2)
खा (फ़ा-2), तो (इ-1), कर (ला-2), जा (तुन-2)

बह्र-ए-रमल मुसद्दस सालिम

अर्कान–

फ़ाइलातुन, फ़ाइलातुन, फ़ाइलातुन
फ़ाइलातुन, फ़ाइलातुन, फ़ाइलातुन

वज़्न–

2122, 2122, 2122
2122, 2122, 2122

मिसाल–

दो सितम उसने किए थे, सोचता हूँ
एक तो था इश्क़ दूजा हिज्र शायद

तक़्तीअ–

दो (फ़ा-2), सि (इ-1), तम (ला-2), उस (तुन-2)
ने (फ़ा-2), कि (इ-1), ए (ला-2), थे (तुन-2)
सो (फ़ा-2), च (इ-1), ता (ला-2), हूँ (तुन-2)
ए (फ़ा-2), क (इ-1), तो (ला-2), था (तुन-2)
इश् (फ़ा-2), क़ (इ-1), दू (ला-2), जा (तुन-2)
हिज् (फ़ा-2), र (इ-1), शा (ला-2), यद (तुन-2)

बह्र-ए-रमल मुरब्बा सालिम

अर्कान–

फ़ाइलातुन, फ़ाइलातुन
फ़ाइलातुन, फ़ाइलातुन

वज़्न–

2122, 2122

2122, 2122

मिसाल–

ख़्वाब तो फिर ख़्वाब ही हैं

नींद भी कुछ कम नहीं है

तक़्तीअ–

ख़्वा (फ़ा-2), ब (इ-1), तो (ला-2), फिर (तुन-2)

ख़्वा (फ़ा-2), ब (इ-1), ही (ला-2), हैं (तुन-2)

नीं (फ़ा-2), द (इ-1), भी (ला-2), कुछ (तुन-2)

कम (फ़ा-2), न (इ-1), हीं (ला-2), है (तुन-2)

बह्र-ए-कामिल मुसम्मन सालिम

अर्कान–

मुतफ़ाइलुन, मुतफ़ाइलुन, मुतफ़ाइलुन, मुतफ़ाइलुन

मुतफ़ाइलुन, मुतफ़ाइलुन, मुतफ़ाइलुन, मुतफ़ाइलुन

वज़्न–

11212, 11212, 11212, 11212

11212, 11212, 11212, 11212

मिसाल–

मैं ख़याल हूँ किसी और का मुझे सोचता कोई और है

सर-ए-आईना मेरा अक्स है पस-ए-आईना कोई और है

–सलीम कौसर

तक़्तीअ–

मैं (मु-1), ख़ (त-1), या (फ़ा-2), ल (इ-1), हूँ (लुन-2)

कि (मु-1), सी (त-1), औ (फ़ा-2), र (इ-1) का (लुन-2)

मु (मु-1), झे (त-1), सो (फ़ा-2), च (इ-1), ता (लुन-2)

को (मु-1), ई (त-1), औ (फ़ा-2), र (इ-1), है (लुन-2)

स (मु-1), रे (त-1), आ (फ़ा-2), इ (इ-1), ना (लुन-2)

मि (मु-1), रा (त-1), अक् (फ़ा-2), स (इ-1), है (लुन-2)

प (मु-1), से (त-1), आ (फ़ा-2), ई (इ-1), ना (लुन-2)

को (मु-1), ई (त-1), औ (फ़ा-2), र (इ-1), है (लुन-2)

सर-ए-आईना, और पस-ए-आईना में इज़ाफ़त इस्ते'माल हुई है, जिसकी तफ़्सील आगे एक अध्याय में लिखी गई है।

बह्र-ए-कामिल मुसद्दस सालिम

अर्कान–

मुतफ़ाइलुन, मुतफ़ाइलुन, मुतफ़ाइलुन

मुतफ़ाइलुन, मुतफ़ाइलुन, मुतफ़ाइलुन

वज़्न–

11212, 11212, 11212

11212, 11212, 11212

मिसाल–

ये जो ख़ामुशी मेरे लब पे है कोई शोर है

इसी शोर को सुनो ग़ौर से मिलेगा सुकूँ

तक़्तीअ–

ये (मु-1), जो (त-1), ख़ा (फ़ा-2), मु (इ-1), शी (लुन-2)

मे (मु-1), रे (त-1), लब (फ़ा-2), पे (इ-1), है (लुन-2)

को (मु-1), ई (त-1), शो (फ़ा-2), र (इ-1), है (लुन-2)

इ (मु-1), सी (त-1), शो (फ़ा-2), र (इ-1), को (लुन-2)

सु (मु-1), नो (त-1), ग़ौ (फ़ा-2), र (इ-1), से (लुन-2)

मि (मु-1), ले (त-1), गा (फ़ा-2), सु (इ-1), कूँ (लुन-2)

बह्र-ए-कामिल मुरब्बा सालिम

अर्कान–

मुतफ़ाइलुन, मुतफ़ाइलुन

मुतफ़ाइलुन, मुतफ़ाइलुन

वज़्न–

11212, 11212

11212, 11212

मिसाल–

तुझे सोचता नहीं हूँ मगर
तुझे भूलता शब-ओ-रोज़ हूँ

तक़्तीअ–

तु (मु-1), झे (त-1), सो (फ़ा-2), च (इ-1), ता (लुन-2)
न (मु-1), हीं (त-1), हूँ (फ़ा-2), म (इ-1), गर (लुन-2)
तु (मु-1), झे (त-1), भू (फ़ा-2), ल (इ-1), ता (लुन-2)
श (मु-1), बो (त-1), रो (फ़ा-2), ज़ (इ-1), हूँ (लुन-2)

शब-ओ-रोज़ में अत्फ़ का इस्ते'माल हुआ है, जिसकी तफ़्सील आगे एक अध्याय में लिखी गई है।

बह्र-ए-रजज़ मुसम्मन सालिम

अर्कान–

मुसतफ़इलुन, मुसतफ़इलुन, मुसतफ़इलुन, मुसतफ़इलुन
मुसतफ़इलुन, मुसतफ़इलुन, मुसतफ़इलुन, मुसतफ़इलुन

वज़्न–

2212, 2212, 2212, 2212
2212, 2212, 2212, 2212

मिसाल–

नींदें नहीं सपने नहीं बस आँख में आँसू ही हैं
होगा यूँ दुःख तेरे बिना हमने कभी सोचा नहीं

तक़्तीअ–

नीं (मुस-2), दें (तफ़-2), न (इ-1), हीं (लुन-2)
सप (मुस-2), ने (तफ़-2), न (इ-1), हीं (लुन-2)
बस (मुस-2), आँ (तफ़-2), ख (इ-1), में (लुन-2)
आँ (मुस-2), सू (तफ़-2), ही (इ-1), हैं (लुन-2)
हो (मुस-2), गा (तफ़-2), यूँ (इ-1), दुःख (लुन-2)
ते (मुस-2), रे (तफ़-2), बि (इ-1), ना (लुन-2)
हम (मुस-2), ने (तफ़-2), क (इ-1), भी (लुन-2)

सो (मुस-2), चा (तफ़-2), न (इ-1), हीं (लुन-2)

बह्-ए-रजज़ मुसद्दस सालिम

अर्कान–

मुसतफ़इलुन, मुसतफ़इलुन, मुसतफ़इलुन
मुसतफ़इलुन, मुसतफ़इलुन, मुसतफ़इलुन

वज़्न–

2212, 2212, 2212
2212, 2212, 2212

मिसाल–

होता हूँ कुछ रहता हूँ कुछ दिखता हूँ कुछ
तब इश्क़ था अब हिज्र है इक हाल है

तक़्तीअ–

हो (मुस-2), ता (तफ़-2), हूँ (इ-1), कुछ (लुन-2)
रह (मुस-2), ता (तफ़-2), हूँ (इ-1), कुछ (लुन-2)
दिख (मुस-2), ता (तफ़-2), हूँ (इ-1), कुछ (लुन-2)
तब (मुस-2), इश् (तफ़-2), क़ (इ-1), था (लुन-2)
अब (मुस-2), हिज् (तफ़-2), र (इ-1), है (लुन-2)
इक (मुस-2), हा (तफ़-2), ल (इ-1), है (लुन-2)

बह्-ए-रजज़ मुरब्बा सालिम

अर्कान–

मुसतफ़इलुन, मुसतफ़इलुन
मुसतफ़इलुन, मुसतफ़इलुन

वज़्न–

2212, 2212
2212, 2212

मिसाल–

मैं ही नहीं तुम भी तो हो
तब ही तो हैं पूरे से हम

तक़्तीअ–

मैं (मुस-2), ही (तफ़-2), न (इ-1), हीं (लुन-2)
तुम (मुस-2), भी (तफ़-2), तो (इ-1), हो (लुन-2)
तब (मुस-2), ही (तफ़-2), तो (इ-1), हैं (लुन-2)
पू (मुस-2), रे (तफ़-2), से (इ-1), हम (लुन-2)

बह्र-ए-मुतक़ारिब मुसम्मन सालिम

अर्कान–

फ़ऊलुन, फ़ऊलुन, फ़ऊलुन, फ़ऊलुन
फ़ऊलुन, फ़ऊलुन, फ़ऊलुन, फ़ऊलुन

वज़्न–

122, 122, 122, 122
122, 122, 122, 122

मिसाल–

रगों में हमारी उतर जाइए फिर
बदन में हमारे सफ़र कीजिएगा

तक़्तीअ–

र (फ़-1), गों (ऊ-2), में (लुन-2)
ह (फ़-1), मा (ऊ-2), री (लुन-2)
उ (फ़-1), तर (ऊ-2), जा (लुन-2)
इ (फ़-1), ए (ऊ-2), फिर (लुन-2)
ब (फ़-1), दन (ऊ-2), में (लुन-2)
ह (फ़-1), मा (ऊ-2), रे (लुन-2)
स (फ़-1), फ़र (ऊ-2), की (लुन-२)
जि (फ़-1), ए (ऊ-2), गा (लुन-२)

बह्र-ए-मुतक़ारिब मुसद्दस सालिम

अर्कान–

फ़ऊलुन, फ़ऊलुन, फ़ऊलुन
फ़ऊलुन, फ़ऊलुन, फ़ऊलुन

वज़्न–

122, 122, 122

122, 122, 122

मिसाल–

किसी के लिए था नहीं कुछ
सो अब ख़ुद का होने लगा हूँ

तक़्तीअ–

कि (फ़-1), सी (ऊ-2), के (लुन-2)

लि (फ़-1), ए (ऊ-2), था (लुन-2)

न (फ़-1), हीं (ऊ-2), कुछ (लुन-2)

सो (फ़-1), अब (ऊ-2), ख़ुद (लुन-2)

का (फ़-1), हो (ऊ-2), ने (लुन-2)

ल (फ़-1), गा (ऊ-2), हूँ (लुन-2)

बह्र-ए-मुतदारिक मुरब्बा सालिम

अर्कान–

फ़ऊलुन, फ़ऊलुन

फ़ऊलुन, फ़ऊलुन

वज़्न–

122, 122

122, 122

मिसाल–

ज़रा सी हवा में
बुझे दीप सारे

तक़्तीअ–

ज़ (फ़-1), रा (ऊ-2), सी (लुन-2)

ह (फ़-1), वा (ऊ-2), में (लुन-2)

बु (फ़-1), झे (ऊ-2), दी (लुन-2)

प (फ़-1), सा (ऊ-2), रे ((लुन-2)

बह्र-ए-मुतदारिक मुसम्मन सालिम

अर्कान–

फ़ाइलुन, फ़ाइलुन, फ़ाइलुन, फ़ाइलुन
फ़ाइलुन, फ़ाइलुन, फ़ाइलुन, फ़ाइलुन

वज़्न–

212, 212, 212, 212
212, 212, 212, 212

मिसाल–

उम्र भर बस यही इक उदासी रही
आपके दीद को आँख प्यासी रही

तक़्तीअ–

उम् (फ़ा-2), र (इ-1), भर (लुन-2)
बस (फ़ा-2), य (इ-1), ही (लुन-2)
इक (फ़ा-2), उ (इ-1), दा (लुन-2)
सी (फ़ा-2), र (इ-1), ही (लुन-2)
आ (फ़ा-2), प (इ-1), के (लुन-2)
दी (फ़ा-2), द (इ-1), को (लुन-2)
आँ (फ़ा-2), ख (इ-1), प्या (लुन-2)
सी (फ़ा-2), र (इ-1), ही (लुन-2)

बह्र-ए-मुतदारिक मुसद्दस सालिम

अर्कान–

फ़ाइलुन, फ़ाइलुन, फ़ाइलुन
फ़ाइलुन, फ़ाइलुन, फ़ाइलुन

वज़्न–

212, 212, 212
212, 212, 212

मिसाल–

दिल है पागल मेरा क्या करूँ
इसकी बातों पे तुम जाओ मत

तक़्तीअ–

दिल (फ़ा-2), है (इ-1), पा (लुन-2)

गल (फ़ा-2), मे (इ-1), रा (लुन-2)

क्या (फ़ा-2), क (इ-1), रूँ (लुन-2)

इस (फ़ा-2), की (इ-1), बा (लुन-2)

तों (फ़ा-2), पे (इ-1), तुम (लुन-2)

जा (फ़ा-2), ओ (इ-1), मत (लुन-2)

बह्र-ए-मुतदारिक मुरब्बा सालिम

अर्कान–

फ़ाइलुन, फ़ाइलुन

फ़ाइलुन, फ़ाइलुन

वज़्न–

212, 212

212, 212

मिसाल–

आइए माथे पर

एक बोसा रखूँ

तक़्तीअ–

आ (फ़ा-2), इ (इ-1), ए (लुन-2)

मा (फ़ा-2), थे (इ-1), पर (लुन-2)

ए (फ़ा-2), क (इ-1), बो (लुन-2)

सा (फ़ा-2), र (इ-1), खूँ (लुन-2)

नोट– बह्र-ए-वाफ़र का आहंग उर्दू शाइरी के लिहाज़ से मुफ़ीद नहीं है। उर्दू ज़बान में इस बह्र में शायद ही शाइरी हुई होगी। ये अरबी ज़बान और अरबी शाइरी ही के लिए मुनासिब बह्र है लिहाज़ा हम इसके बारे में बात नहीं करेंगे।

बह्र की दर्जा-बन्दी
(वर्गीकरण Classification)

मुफ़रद सालिम (या'नी एक जैसे अर्कान से बनी बहरें) बहरों की ता'दाद होती है-7 (जिनके बारे में हम पिछले बाब में तफ़्सील से समझ चुके हैं।)

मुफ़रद मुज़ाहिफ़ (या'नी एक रुक्न पर ज़िहाफ़ का इस्ते'माल करके बनाई गयीं बहरें) बहरों की ता'दाद होती है–31

मुरक्कब सालिम (या'नी एक से ज़ियादा क़िस्म के सालिम अर्कान से बनी बहरें) बहरों की ता'दाद होती है–12

मुरक्कब मुज़ाहिफ़ (या'नी एक से ज़ियादा क़िस्म के सालिम अर्कान और ज़िहाफ़ का इस्ते'माल कर के बनाई गयीं बहरें) बहरों की ता'दाद होती है-26

या'नी कुल बहरों की ता'दाद हुई–76

नोट– जब किसी भी बह्र के किसी रुक्न में ज़िहाफ़ लगाया जाता है तो उसे मुज़ाहिफ़ बह्र कहते हैं।

आइए अब हम ज़िहाफ़ की तफ़्सील समझते हैं–

ज़िहाफ़-

ज़िहाफ़ के लुग़वी मआनी घटाना या कम करना के होते हैं, या'नी जब किसी रुक्न को उसके अस्ल वज़्न से घटा कर छोटा कर देते हैं, तो उसे हम ज़िहाफ़ लगाना कहते हैं।

ज़िहाफ़ की तीन क़िस्में होती हैं–

1. ख़ास ज़िहाफ़ (या'नी वो ज़िहाफ़ जो किसी ख़ास रुक्न ही में लगता हो।)

2. आम ज़िहाफ़ (या'नी वो ज़िहाफ़ जो एक से ज़ियादा रुक्न में लगता हो।)

3. मुरक्कब ज़िहाफ़ (या'नी वो ज़िहाफ़ जो दो से ज़ियादा ज़िहाफ़ से मिल कर बना हो।)

ख़ास ज़िहाफ़

1- सलम– जब हम फ़ऊलुन (122) रुक्न से फ़ (1) हटा कर उसे ऊलुन या'नी फ़ेलुन (22) से बदल देते हैं तब इसे हम सलम ज़िहाफ़ कहते हैं और इस ज़िहाफ़त को अस्लम ज़िहाफ़त कहा जाता है।

2- हब्ब– जब हम मुफ़ाईलुन (1222) रुक्न से ईलुन (22) हटा कर उसे फ़अल (12) से बदल देते हैं तब इसे हम हब्ब ज़िहाफ़ कहते हैं और इस ज़िहाफ़त को मज्बूब ज़िहाफ़त कहा जाता है।

3- ख़रम– जब हम मुफ़ाईलुन (1222) रुक्न से मु (1) हटा कर उसे फ़ाईलुन (222) से बदल देते हैं तब इसे हम ख़रम ज़िहाफ़ कहते हैं और इस ज़िहाफ़त को अख़रम ज़िहाफ़त कहा जाता है।

आम ज़िहाफ़

1- इज़ाला– ये ज़िहाफ़ उन तमाम अर्कान में लगाया जाता है जिनका आख़िरी जुज़ वतद मज्मूअ या'नी इलुन (12) होता है जैसे–

फ़ाइलुन (212) को फ़ाइलान (2121) से बदल देते हैं।

मुस्तफ़इलुन (2212) को मुस्तफ़इलान (22121) से बदल देते हैं।

मुतफ़ाइलुन (11212) को मुतफ़ाइलान (112121) से बदल देते हैं।

इस ज़िहाफ़त को मज़ाला ज़िहाफ़त कहा जाता है।

2- तस्बीग– ये ज़िहाफ़ उन तमाम अर्कान में लगाया जाता है जिनका आख़िरी जुज़ सबब-ए-ख़फ़ीफ़ या'नी लुन या तुन (2) होता है जैसे–

फ़ऊलुन (122) को फ़ऊलान (1221) से बदल देते हैं।

फ़ाइलातुन (2122) को फ़ाइलातान (21221) से बदल देते हैं।

मुफ़ाईलुन (1222) को मुफ़ाईलान (12221) से बदल देते हैं।

मुफ़ाइलतुन (12112) को मुफ़ाइलतान (121121) से बदल देते हैं।

इस ज़िहाफ़त को मसब्बिग ज़िहाफ़त कहा जाता है।

3- हज़्ज़- ये ज़िहाफ़ उन तमाम अर्कान में लगाया जाता है जिनका आख़िरी जुज़ वतद मज्मूअ या'नी इलुन (12) होता है और इस ज़िहाफ़ के तह्त इलुन (12) को हटा दिया जाता है जैसे–

फ़ाइलुन (212) को फ़ा (2) कर देते हैं।

मुस्तफ़इलुन (2212) को मुस्तफ़'(22) कर देते हैं।

मुतफ़ाइलुन (11212) को मुतफ़ा (122) कर देते हैं।

इस ज़िहाफ़त को महज़ूज ज़िहाफ़त कहा जाता है।

4- हज़्फ़– ये ज़िहाफ़ उन तमाम अर्कान में लगाया जाता है जिनका आख़िरी जुज़ सबब-ए-ख़फ़ीफ़ या'नी लुन या तुन (2) हो और इस ज़िहाफ़ के तह्त वो हटा दिया जाता है जैसे–

फ़ऊलुन (122) को फ़ऊ (12) कर देते हैं।

फ़ाइलातुन (2122) को फ़ाइला (212) कर देते हैं।

मुफ़ाईलुन (1222) को मुफ़ाई (फ़ऊलुन-122) कर देते हैं।

मुफ़ाइलतुन (12112) को मुफ़ाइल (1211) कर देते हैं।

इस ज़िहाफ़त को महज़ूफ़ ज़िहाफ़त कहा जाता है।

5- ख़ब्न– ये ज़िहाफ़ उन तमाम अर्कान में लगाया जाता है जिनका शुरूआती जुज़ सबब-ए-ख़फ़ीफ़ या'नी फ़ा या मुस (2) होता है जैसे–

फ़ाइलुन (212) को फ़इलुन (112) से बदल देते हैं।

फ़ाइलातुन (2122) को फ़इलातुन (1122) से बदल देते हैं।

मुस्तफ़इलुन (2212) को मुतफ़इलुन या मुफ़ाइलुन (1212) से बदल देते हैं।

इस ज़िहाफ़त को मख़्बून ज़िहाफ़त कहा जाता है।

6- तय– ये ज़िहाफ़ उस रुक्न में लगाया जाता है जिसके शुरूआती दो जुज़ सबब-ए-ख़फ़ीफ़ हों या'नी मुस और तफ़ (2) जैसे–

मुस्तफ़इलुन (2212) को बदल कर हम मुस्तइलुन (2112) कर देते हैं।

इस ज़िहाफ़त को मुतव्वी ज़िहाफ़त कहते हैं।

7- कस्र– ये ज़िहाफ़ उन तमाम अर्कान में लगाया जाता है जिनका आख़िरी जुज़ सबब-ए-ख़फ़ीफ़ या'नी लुन या तुन हो जैसे–

फ़ऊलुन (122) को बदल कर हम फ़ऊलु (121) कर देते हैं।

फ़ाइलातुन (2122) को बदल कर हम फ़ाइलातु (2121) कर देते हैं।

मुफ़ाईलुन (1222) को बदल कर हम मुफ़ाईलु (1221) कर देते हैं।

मुफ़ाइलतुन (12112) को बदल कर हम मुफ़ाइलतु (12111) कर देते हैं।

इस ज़िहाफ़त को मक़्सूर ज़िहाफ़त कहते हैं।

8- क़तआ– ये ज़िहाफ़ उन तमाम अर्कान में लगाया जाता है जिनका आख़िरी जुज़ वतद मज्मूअ या'नी इलुन (12) हो जैसे–

फ़ाइलुन' (212) को बदल कर हम फ़ाइल-(फ़ेलुन-22) कर देते हैं।

मुस्तफ़इलुन (2212) को बदल कर हम मुस्तफ़इल (222) कर देते हैं।

मुतफ़ाइलुन (11212) को बदल कर हम मुतफ़ाइल-(फ़इलातुन-1122) कर देते हैं।

इस ज़िहाफ़त को मक़्तूअ ज़िहाफ़त कहते हैं।

9- कब्ज़– ये ज़िहाफ़ उन तमाम अर्कान में लगाया जाता है जिनका शुरूआती जुज़ वतद मज्मूअ या'नी फ़ऊ या मुफ़ा (12) हो और दूसरा जुज़ सबब-ए-ख़फ़ीफ़ या'नी लुन और ई (2) हो जैसे–

फ़ऊलुन (122) को बदल कर हम फ़ऊलु (121) कर देते हैं।

मुफ़ाईलुन (1222) को बदल कर हम मुफ़ाइलुन (1212) कर देते हैं।

इस ज़िहाफ़त को मक्बूज़ ज़िहाफ़त कहते हैं।

10- क़फ़्‌– ये ज़िहाफ़ उन तमाम सात हर्फ़ी अर्कान में लगाया जाता है जिनका आख़िरी जुज़ सबब-ए-ख़फ़ीफ़ या'नी लुन या तुन (2) हो है जैसे–

मुफ़ाईलुन (1222) को बदल कर मुफ़ाईलु (1221) कर देते हैं।

फ़ाइलातुन (2122) को बदल कर हम फ़ाइलातु (2121) कर देते हैं।

मुफ़ाइलतुन (12112) को बदल कर हम मुफ़ाइलतु (12111) कर देते हैं।

इस ज़िहाफ़त को मक़्फ़ूफ़ ज़िहाफ़त कहते हैं।

मुरक्कब ज़िहाफ़

मुरक्कब या'नी दो ज़िहाफ़ से मिल कर बना ज़िहाफ़। इनकी पाँच क़िस्में हैं–

1- शतर– जब ख़रम और कब्ज़ ज़िहाफ़ एक साथ लगाए जाएँ तब इसे हम शतर ज़िहाफ़ कहते हैं और इस ज़िहाफ़त को अशतर ज़िहाफ़त कहा जाता है।

2- ख़रब– जब ख़रम और कस्र ज़िहाफ़ एक साथ लगाए जाएँ तब इसे हम ख़रब ज़िहाफ़ कहते हैं और इस ज़िहाफ़त को अख़रब ज़िहाफ़त कहा जाता है।

3- बत्र– जब सलम और महज़ूफ़ ज़िहाफ़ एक साथ लगाए जाएँ तब इसे हम बत्र ज़िहाफ़ कहते हैं और इस ज़िहाफ़त को अब्तर ज़िहाफ़त कहा जाता है।

4- सरम– जब सलम और कब्ज़ ज़िहाफ़ एक साथ लगाए जाएँ तब इसे हम सरम ज़िहाफ़ कहते हैं और इस ज़िहाफ़त को असरम ज़िहाफ़त कहा जाता है।

5- शक्ल– जब ख़बन और काफ़ ज़िहाफ़ एक साथ लगाए जाएँ तब इसे हम शक्ल ज़िहाफ़ कहते हैं और इस ज़िहाफ़त को मश्कूल ज़िहाफ़त कहा जाता है।

ज़िहाफ़ों की कुल ता'दाद 50 है लेकिन मैंने यहाँ सिर्फ़ 18 ज़िहाफ़ों का ज़िक्र किया है। मैं आपको बता दूँ कि ज़िहाफ़ नए आहंग बनाने के काम आते हैं और अभी हम राइज आहंग से भी ना-वाक़िफ़ हैं लिहाज़ा अब हम सीधे उन बहरों की जानिब बढ़ते हैं जो इन ज़िहाफ़ों के इस्ते'माल से बनती हैं।

मुफ़रद मुज़ाहिफ़ बहरें

बह्र-ए-हज़ज

1. बह्र-ए-हज़ज मुसम्मन सालिम मुसब्बग-उल-आख़िर

अर्कान–

मुफ़ाईलुन, मुफ़ाईलुन, मुफ़ाईलुन, मुफ़ाईलान
मुफ़ाईलुन, मुफ़ाईलुन, मुफ़ाईलुन, मुफ़ाईलान

वज़्न–

1222, 1222, 1222, 12221
1222, 1222, 1222, 12221

मिसाल–

चले आओ कि अब शायद निकल सकती है मेरी जान
मेरी चाहत है आख़िर वक़्त में तुम आओ करने प्यार

तक़्तीअ–

मुफ़ाईलुन । मुफ़ाईलुन । मुफ़ाईलुन । मुफ़ाईलान
चले आओ । कि अब शायद । निकल सकती । है मेरी जान
मेरी चाहत । है आख़िर वक़् । त में तुम आ । ओ करने प्यार

2. बह्र-ए-हज़ज मुसम्मन मक़बूज़

अर्कान–

मुफ़ाइलुन, मुफ़ाइलुन, मुफ़ाइलुन, मुफ़ाइलुन
मुफ़ाइलुन, मुफ़ाइलुन, मुफ़ाइलुन, मुफ़ाइलुन

वज़्न–

1212, 1212, 1212, 1212

1212, 1212, 1212, 1212

मिसाल–

सो मेरी बात और थी तुम्हारी बात और थी
मैं इस ज़मीन का था और आसमान की थी तुम

तक़्तीअ–

मुफ़ाइलुन । मुफ़ाइलुन । मुफ़ाइलुन । मुफ़ाइलुन
सो मेरी बा । त और थी । तुम्हारी बा । त और थी
मैं इस ज़मी । न का था औ । र आसमा । न की थी तुम

3. बह्र-ए-हज़ज मुसम्मन अख़रब

अर्कान–

मफ़ऊल, मुफ़ाईलुन, मफ़ऊल, मुफ़ाईलुन
मफ़ऊल, मुफ़ाईलुन, मफ़ऊल, मुफ़ाईलुन

वज़्न–

221, 1222, 221, 1222

221, 1222, 221, 1222

मिसाल–

अब इश्क़ किया है तो बेचैन रहोगे ही
ग़ालिब ने कहा ही है आतिश की तरह इसको

तक़्तीअ–

मफ़ऊल । मुफ़ाईलुन । मफ़ऊल । मुफ़ाईलुन
अब इश्क़ । किया है तो । बेचैन । रहोगे ही
ग़ालिब ने । कहा ही है । आतिश की । तरह इसको

4. बह्र-ए-हज़ज मुसम्मन अख़रब मक्फ़ूफ़ मक्सूर

अर्कान–

मफ़ऊलु, मुफ़ाईलु, मुफ़ाईलु, मुफ़ाईलु
मफ़ऊलु, मुफ़ाईलु, मुफ़ाईलु, मुफ़ाईलु

वज़्न–

221, 1221, 1221, 1221

221, 1221, 1221, 1221

मिसाल–

कहते हैं नहीं मरना नहीं जीना हमें और
दुनिया की तरह हम भी बुरे हो चुके हैं दोस्त

तक़्तीअ–

मफ़ऊलु । मुफ़ाईलु । मुफ़ाईलु । मुफ़ाईलु
कहते हैं । नहीं मरना । नहीं जीना । हमें और
दुनिया की । तरह हम भी । बुरे हो चु । के हैं दोस्त

5. बह्र-ए-हज़ज मुसम्मन अख़रब मक्फ़ूफ़ महज़ूफ़

अर्कान–

मफ़ऊलु, मुफ़ाईलु, मुफ़ाईलु, फ़ऊलुन
मफ़ऊलु, मुफ़ाईलु, मुफ़ाईलु, फ़ऊलुन

वज़्न–

221, 1221, 1221, 122

221, 1221, 1221, 122

मिसाल–

दिल में है चुभन मेरे मेरी आँख में आँसू
माथे पे लकीरें है तेरी फ़िक्र की जानाँ

तक़्तीअ–

मफ़ऊलु । मुफ़ाईलु । मुफ़ाईलु । फ़ऊलुन
दिल में है । चुभन मेरे । मेरी आँख । में आँसू
माथे पे । लकीरें हैं । तेरी फ़िक्र । की जानाँ

6. बह्र-ए-हज़ज मुसम्मन अश्तर

अर्कान–

फ़ाइलुन, मुफ़ाईलुन, फ़ाइलुन, मुफ़ाईलुन
फ़ाइलुन, मुफ़ाईलुन, फ़ाइलुन, मुफ़ाईलुन

वज़्न–

212, 1222, 212, 1222

212, 1222, 212, 1222

मिसाल–

आईने कहेंगे ये बात आज हमसे हम
शक्ल मत निहारें अपनी निहारें अपना मन

तक़्तीअ–

फ़ाइलुन । मुफ़ाईलुन । फ़ाइलुन । मुफ़ाईलुन
आईने । कहेंगे ये । बात आ । ज हमसे हम
शक्ल मत । निहारें अप । नी निहा । रें अपना मन

7. बह्र-ए-हज़ज मुसम्मन मक्फ़ूफ़ महज़ूफ़-उल-आख़िर

अर्कान–

मुफ़ाईलु, मुफ़ाईलु, मुफ़ाईलु, फ़ऊलुन
मुफ़ाईलु, मुफ़ाईलु, मुफ़ाईलु, फ़ऊलुन

वज़्न–

1221, 1221, 1221, 122

1221, 1221, 1221, 122

मिसाल–

ज़रा देर मेरी आँख लगे ख़्वाब भी आए
कई दिन से तुम्हें देखा नहीं है मेरी जानाँ

तक़्तीअ–

मुफ़ाईलु । मुफ़ाईलु । मुफ़ाईलु । फ़ऊलुन
ज़रा देर । मेरी आँख । लगे ख़्वाब । भी आए
कई दिन से । तुम्हें देखा । नहीं है मे । री जानाँ

8. बह्र-ए-हज़ज मुसद्दस मक़्सूर-उल-आख़िर

अर्कान–

मुफ़ाईलुन, मुफ़ाईलुन, मुफ़ाईल
मुफ़ाईलुन, मुफ़ाईलुन, मुफ़ाईल

वज़्न–

1222, 1222, 1221

1222, 1222, 1221

मिसाल–

नहीं आना तुम्हारा ख़्वाब में जान
बहुत करता है ये नींदों का नुक़्सान

तक़्तीअ–

मुफ़ाईलुन । मुफ़ाईलुन । मुफ़ाईल
नहीं आना । तुम्हारा ख़्वा । ब में जान
बहुत करता । है ये नींदों । का नुक़्सान

9. बह्र-ए-हज़ज मुसद्दस महज़ूफ़-उल-आख़िर

अर्कान–

मुफ़ाईलुन, मुफ़ाईलुन, फ़ऊलुन

मुफ़ाईलुन, मुफ़ाईलुन, फ़ऊलुन

वज़्न–

1222, 1222, 122

1222, 1222, 122

मिसाल–

इज़ाफ़ा कर रहे हैं ग़म में अपने
किसी से इश्क़ करते जा रहे हैं

तक़्तीअ–

मुफ़ाईलुन । मुफ़ाईलुन । फ़ऊलुन
इज़ाफ़ा कर । रहे हैं ग़म । में अपने
किसी से इश् । क़ करते जा । रहे हैं

10. बह्र-ए-हज़ज मुसद्दस अख़रब मक़्बूज़ मुसब्बग

अर्कान–

मफ़ऊल, मुफ़ाइलुन, मुफ़ाईलान

मफ़ऊल, मुफ़ाइलुन, मुफ़ाईलान

वज़्न–

221, 1212, 12221

221, 1212, 12221

मिसाल–

आँखों में हमारी नींद आए आज
ख़्वाबों की तरह वो ही समाए आज

तक़्तीअ–

मफ़ऊल । मुफ़ाइलुन । मुफ़ाईलान
आँखों में । हमारी नीं । द आए आज
ख़्वाबों की । तरह वो ही । समाए आज

11. बह्र-ए-हज़ज मुसद्दस अख़रब मक़्बूज़ सालिम-उल-आख़िर

अर्कान–

मफ़ऊलु, मुफ़ाइलुन, मुफ़ाईलुन
मफ़ऊलु, मुफ़ाइलुन, मुफ़ाईलुन

वज़्न–

221, 1212, 1222

221, 1212, 1222

मिसाल–

दस्तक पे यहाँ कोई नहीं आता
दरवाज़ा लगा है दिल पे मुद्दत से

तक़्तीअ–

मफ़ऊलु । मुफ़ाइलुन । मुफ़ाईलुन
दस्तक पे । यहाँ कोई । नहीं आता
दरवाज़ा । लगा है दिल । पे मुद्दत से

12. बह्र-ए-हज़ज मुसद्दस अख़रब मक़्बूज़ महज़ूफ़-उल-आख़िर

अर्कान–

मफ़ऊल, मुफ़ाइलुन, फ़ऊलुन
मफ़ऊल, मुफ़ाइलुन, फ़ऊलुन

वज़्न–

221, 1212, 122

221, 1212, 122

मिसाल–

जब हिज्र मिला तो दिल में है ग़म
पागल से हुए हैं हम तो हमदम

तक़्तीअ–

मफ़ऊल, मुफ़ाइलुन, फ़ऊलुन
जब हिज्र । मिला तो दिल । में है ग़म
पागल से । हुए हैं हम । तो हमदम

13. बह्र-ए-हज़ज मुसद्दस अख़रम अशतर महज़ूफ़-उल-आख़िर

अर्कान–

मफ़ऊलुन, फ़ाइलुन, फ़ऊलुन
मफ़ऊलुन, फ़ाइलुन, फ़ऊलुन

वज़्न–

222, 212, 122

222, 212, 122

मिसाल–

दिल में कुछ भी अगर नहीं है
फिर आँखों को ख़मोश ही रख

तक़्तीअ–

मफ़ऊलुन । फ़ाइलुन । फ़ऊलुन
दिल में कुछ । भी अगर । नहीं है
फिर आँखों । को ख़मो । श ही रख

14. बह्र-ए-हज़ज मुसद्दस अख़रम अशतर मक़्सूर-उल-आख़िर

अर्कान–

मफ़ऊलुन, फ़ाइलुन, मुफ़ाईल
मफ़ऊलुन, फ़ाइलुन, मुफ़ाईल

वज़्न–

222, 212, 1221

222, 212, 1221

मिसाल–

दिल की बातें छुपा ही मत आज
जो है दिल में ज़बाँ पे ला यार

तक़्तीअ–

मफ़ऊलुन । फ़ाइलुन । मुफ़ाईल
दिल की बा । तें छुपा । ही मत आज
जो है दिल । में ज़बाँ । पे ला यार

15. बह्र-ए हज़ज मुरब्बा मक़्बूज़

अर्कान–

मुफ़ाइलुन, मुफ़ाइलुन

मुफ़ाइलुन, मुफ़ाइलुन

वज़्न–

1212, 1212

1212, 1212

मिसाल–

यहाँ पे दिल नहीं लगा
सो चलते हैं यहाँ से हम

तक़्तीअ–

मुफ़ाइलुन । मुफ़ाइलुन
यहाँ पे दिल । नहीं लगा
सो चलते हैं । यहाँ से हम

नोट– बह्र-ए-हज़ज की सालिम रुक्न की बहरों के बारे में हम पहले ही तफ़्सील से चर्चा कर चुके हैं।

बह्र-ए-रमल

1. बह्र-ए-रमल मुसम्मन मक़्सूर

अर्कान–

फ़ाइलातुन, फ़ाइलातुन, फ़ाइलातुन, फ़ाइलातु
फ़ाइलातुन, फ़ाइलातुन, फ़ाइलातुन, फ़ाइलातु

वज़्न–

2122, 2122, 2122, 2121
2122, 2122, 2122, 2121

मिसाल–

दो किताबें भी लगा सकती हैं इस दुनिया में आग
एक जो मैंने पढ़ी है एक जो तूने है जान

तक़्तीअ–

फ़ाइलातुन । फ़ाइलातुन । फ़ाइलातुन । फ़ाइलातु
दो किताबें । भी लगा सक । ती हैं इस दुनि । या में आग
एक जो मैं । ने पढ़ी है । एक जो तू । ने है जान

2. बह्र-ए-रमल मुसम्मन महज़ूफ़

अर्कान–

फ़ाइलातुन, फ़ाइलातुन, फ़ाइलातुन, फ़ाइलुन
फ़ाइलातुन, फ़ाइलातुन, फ़ाइलातुन, फ़ाइलुन

वज़्न–

2122, 2122, 2122, 212
2122, 2122, 2122, 212

मिसाल–

आपकी नींदों में आ कर जान सोना है हमें
आपकी आँखों से सारे ख़्वाब देखे जाएँगे

तक़्तीअ–

फ़ाइलातुन । फ़ाइलातुन । फ़ाइलातुन । फ़ाइलुन
आपकी नीं । दों में आ कर । जान सोना । है हमें
आपकी आँ । खों से सारे । ख़्वाब देखे । जाएँगे

3. बह्र-ए-रमल मुसम्मन मख़्बून मक़्सूर

अर्कान–

फ़ाइलातुन, फ़इलातुन, फ़इलातुन, फ़इलान
फ़ाइलातुन, फ़इलातुन, फ़इलातुन, फ़इलान

वज़्न–

2122, 1122, 1122, 1121
2122, 1122, 1122, 1121

मिसाल–

दिल नहीं लगता तेरा दुनिया में ये इश्क़ है यार
इसमें पड़ जाओ तो मुश्किल है बड़ा लेना भी साँस

तक़्तीअ–

फ़ाइलातुन । फ़ाइलातुन । फ़इलातुन । फ़इलान
दिल नहीं लग । ता तेरा दुनि । या में ये इश् । क़ है यार
इसमें पड़ जा । ओ तो मुश्किल । है बड़ा ले । ना भी साँस

4. बह्र-ए-रमल मुसम्मन मुशअअस मक़्सूर

अर्कान–

फ़ाइलातुन, फ़इलातुन, फ़इलातुन, फ़ालान
फ़ाइलातुन, फ़इलातुन, फ़इलातुन, फ़ालान

वज़्न–

2122, 1122, 1122, 221
2122, 1122, 1122, 221

मिसाल–

हमने ये तय किया है चाहे हो अब जो अंजाम

ज़िंदगी जैसी कटे काटेंगे बस तेरे साथ

तक़्तीअ–

फ़ाइलातुन । फ़इलातुन । फ़इलातुन । फ़ालान

हमने ये तय । किया है चा । हे हो अब जो । अंजाम

ज़िंदगी जै । सी कटे का । टेंगे बस ते । रे साथ

5. बह्र-ए-रमल मुसम्मन मख़्बून सालिम-'उल-अव्वल'

अर्कान–

फ़ाइलातुन, फ़इलातुन, फ़इलातुन, फ़इलातुन

फ़ाइलातुन, फ़इलातुन, फ़इलातुन, फ़इलातुन

वज़्न–

2122, 1122, 1122, 1122

2122, 1122, 1122, 1122

मिसाल–

इस तरह बनते हैं मर जाने के इम्कान तुम्हारे

इश्क़ है ठीक है पर इश्क़ में पागल नहीं बनते

तक़्तीअ–

फ़ाइलातुन । फ़इलातुन । फ़इलातुन । फ़इलातुन

इस तरह बन । ते हैं मर जा । ने के इम्का । न तुम्हारे

इश्क़ है ठी । क है पर इश् । क़ में पागल । नहीं बनते

नोट– इस बह्र में हम पहले रुक्न (सद्र या इब्तिदा) फ़ाइलातुन (2122) को फ़इलातुन (1122) में तब्दील कर सकते हैं जिसके तह्त ये सालिम महज़ूफ़ बह्र हो जाएगी और तब इसके अर्कान होंगे-

फ़इलातुन, फ़इलातुन, फ़इलातुन, फ़इलातुन

फ़इलातुन, फ़इलातुन, फ़इलातुन, फ़इलातुन

जिसे हम बह्र-ए-रमल मुसम्मन मख़्बून कहेंगे।

6. बह्र-ए-रमल मुसम्मन मख़्बून महज़ूफ़

अर्कान–

फ़ाइलातुन, फ़इलातुन, फ़इलातुन, फ़इलुन

फ़ाइलातुन, फ़इलातुन, फ़इलातुन, फ़इलुन

वज़्न–

2122, 1122, 1122, 112

2122, 1122, 1122, 112

मिसाल–

अय मेरी जान मुझे तन्हा न यूँ छोड़ के जा

तू न होगी तो भला कैसे जियूँगा तू बता

तक़्तीअ–

फ़ाइलातुन । फ़इलातुन । फ़इलातुन । फ़इलुन

अय मेरी जा । न मुझे तन् । हा न यूँ छो । ड़ के जा

तू न होगी । तो भला कै । से जियूँगा । तू बता

नोट– इस बह्र में हम पहले रुक्न (सद्र या इब्तिदा) को फ़ाइलातुन (2122) की जगह फ़इलातुन (1122) भी कर सकते हैं।

7. बह्र-ए-रमल मुसम्मन मख़्बून महज़ूफ़ मुसक्कन

अर्कान–

फ़ाइलातुन, फ़इलातुन, फ़इलातुन, फ़ेलुन

फ़ाइलातुन, फ़इलातुन, फ़इलातुन, फ़ेलुन

वज़्न–

2122, 1122, 1122, 22

2122, 1122, 1122, 22

मिसाल–

जैसा चाहा था कभी वैसा नहीं कर पाया

उम्र भर या'नी कभी दिल का नहीं कर पाया

तक़्तीअ–

फ़ाइलातुन । फ़इलातुन । फ़इलातुन । फ़ेलुन

जैसा चाहा । था कभी वै । सा नहीं कर । पाया

उम्र भर या' । नी कभी दिल । का नहीं कर । पाया

नोट– इस बह्र में हम पहले रुक्न (सद्र या इब्तिदा) को फ़ाइलातुन (2122) की जगह फ़इलातुन (1122) भी कर सकते हैं और आख़िरी रुक्न (अरूज़ या ज़र्ब) को फ़ेलुन' की जगह फ़इलुन (112), फ़इलान (1121) या फ़ालान (221) भी कर सकते हैं।

8. बह्र-ए-रमल मुसम्मन मश्कूल

अर्कान–

फ़इलातु, फ़ाइलातुन, फ़इलातु, फ़ाइलातुन
फ़इलातु, फ़ाइलातुन, फ़इलातु, फ़ाइलातुन

वज़्न–

1121, 2122, 1121, 2122
1121, 2122, 1121, 2122

मिसाल–

कहाँ कोई मेरा होगा कहाँ कोई तेरा होगा
यहाँ है फ़रेबी हर शय यही है अय दोस्त दुनिया

तक़्तीअ–

फ़इलातु । फ़ाइलातुन । फ़इलातु । फ़ाइलातुन
कहाँ कोई । मेरा होगा । कहाँ कोई । तेरा होगा
यहाँ है फ़ । रेबी हर शय । यही है अय । दोस्त दुनिया

9. बह्र-ए-रमल मुसद्दस महज़ूफ़

अर्कान–

फ़ाइलातुन, फ़ाइलातुन, फ़ाइलुन
फ़ाइलातुन, फ़ाइलातुन, फ़ाइलुन

वज़्न–

2122, 2122, 212
2122, 2122, 212

मिसाल–

दोस्त दुश्मन क्यूँ बने क्या जानिए
हमने तो हरदम ही केवल सच कहा

तक़्तीअ–

फ़ाइलातुन । फ़ाइलातुन । फ़ाइलुन
दोस्त दुश्मन । क्यूँ बने क्या । जानिए
हमने तो हर । दम ही केवल । सच कहा

नोट– इस बह्र के आख़िरी रुक्न (अरूज़ या ज़र्ब) को फ़ाइलुन (212) की जगह फ़ाइलान (2121) भी किया जा सकता है। तब इसके अर्कान होंगे-

फ़ाइलातुन, फ़ाइलातुन, फ़ाइलान
फ़ाइलातुन, फ़ाइलातुन, फ़ाइलान

और वज़्न होगा–

2122, 2122, 2121
2122, 2122, 2121

जिसे हम बह्र-ए-रमल मुसद्दस मक़्सूर कहेंगे।

10. बह्र-ए-रमल मुसद्दस मक़्सूर

अर्कान–

फ़ाइलातुन, फ़ाइलातुन, फ़ाइलान
फ़ाइलातुन, फ़ाइलातुन, फ़ाइलान

वज़्न–

2122, 2122, 2121
2122, 2122, 2121

मिसाल–

यकबयक ही दिल में आया ये सवाल
ज़र्द पत्ते छोड़ देते हैं क्यूँ शाख़

तक़्तीअ–

फ़ाइलातुन । फ़ाइलातुन । फ़ाइलान
यकबयक ही । दिल में आया । ये सवाल
ज़र्द पत्ते । छोड़ देते । हैं क्यूँ शाख़

11. बह्र-ए-रमल मुसद्दस मख़्बून महज़ूफ़

अर्कान–

फ़इलातुन, फ़इलातुन, फ़ाइलुन

फ़इलातुन, फ़इलातुन, फ़ाइलुन

वज़्न–

1122, 1122, 212

1122, 1122, 212

मिसाल–

नहीं अपना यहाँ कोई भी मेरा

सभी बेगाने ही लगते हैं मुझे

तक़्तीअ–

फ़इलातुन । फ़इलातुन । फ़ाइलुन

नहीं अपना । यहाँ कोई । भी मेरा

सभी बेगा । ने ही लगते । हैं मुझे

12. बह्र-ए-रमल मुसद्दस महज़ूफ़ मुसक्किन

अर्कान–

फ़इलातुन, फ़इलातुन, फ़ेलुन

फ़इलातुन, फ़इलातुन, फ़ेलुन

वज़्न–

1122, 1122, 22

1122, 1122, 22

मिसाल–

यहाँ बस झूठ में रहना सीखो

यहाँ सच्चाई नहीं मिलती है

तक़्तीअ–

फ़इलातुन । फ़इलातुन । फ़ेलुन

यहाँ बस झू । ठ में रहना । सीखो

यहाँ सच्चा । ई नहीं मिल । ती है

13. बह्र-ए-रमल मुरब्बा महज़ूफ़ या मक़्सूर

अर्कान–

फ़ाइलातुन, फ़ाइलुन

फ़ाइलातुन, फ़ाइलुन

वज़्न–

2122, 212

2122, 212

मिसाल–

ज़िंदगी हो जब मेरी

फिर मुझे अब क्यूँ मिले

तक़्तीअ–

फ़ाइलातुन । फ़ाइलुन

ज़िंदगी हो । जब मेरी

फिर मुझे अब । क्यूँ मिले

नोट– इस बह्र के आख़िरी रुक्न (ज़र्ब या अरूज़) को फ़ाइलुन (212) को फ़ाइलान (2121) से बदल सकते हैं तब इसके सारे अर्कान होंगे-

फ़ाइलातुन, फ़ाइलान

फ़ाइलातुन, फ़ाइलान

और वज़्न होगा–

2122, 2121

2122, 2121

जिसे हम बह्र-ए-रमल मुरब्बा मक़्सूर कहेंगे।

14. बह्र-ए-रमल मुरब्बा मख़्बून

अर्कान–

फ़इलातुन, फ़इलातुन

फ़इलातुन, फ़इलातुन

वज़्न–

1122, 1122

1122, 1122

मिसाल–

मुझे सोचो मुझे देखो
मुझे चाहो मेरी जानाँ

तक़्तीअ–

फ़इलातुन । फ़इलातुन
मुझे सोचो । मुझे देखो
मुझे चाहो । मेरी जानाँ

15. बह्र-ए-रमल मुरब्बा सालिम-उल-आख़िर

अर्कान–

फ़इलातु, फ़ाइलातुन
फ़इलातु, फ़ाइलातुन

वज़्न–

1121, 2122
1121, 2122

मिसाल–

मुझे इश्क़ तुम से है बस
मेरी जान हो गए तुम

तक़्तीअ–

फ़इलातु । फ़ाइलातुन
मुझे इश्क़ । तुम से है बस
मेरी जान । हो गए तुम

16. बह्र-ए-रमल मुसद्दस मख़्बून मुसक्कन

अर्कान–

फ़ाइलातुन, फ़इलातुन, फ़ेलुन
फ़ाइलातुन, फ़इलातुन, फ़ेलुन

वज़्न–

2122 1122 22
2122 1122 22

मिसाल–

ज़िंदगी पास नहीं आती है
हाए बस दूर हुई जाती है

तक़्तीअ–

फ़ाइलातुन । फ़इलातुन । फ़ेलुन
ज़िंदगी पा । स नहीं आ । ती है
हाए बस दू । र हुई जा । ती है

नोट– इस बह्र के पहले रुक्न (सद्र या इब्तेदा) फ़ाइलातुन (2122) को फ़इलातुन (1122) और आख़िरी रुक्न (अरूज़ या ज़र्ब) फ़ेलुन (22) को फ़इलुन (112) फ़इलान (1121) या फ़ालान (221) से बदल सकते हैं।

इस बह्र में ग़ालिब का एक शे'र देखिए जहाँ उन्होंने दूसरे मिसरे में पहले और आख़िरी दोनों रुक्नों को बदला है-

हम कोई तर्क-ए-वफ़ा करते हैं
न सही इश्क़ मुसीबत ही सही

न सही इश् (1122) । क़ मुसीबत (1122) । ही सही (112)

नोट 1– ये छूट हम इस बह्र में कही गई ग़ज़ल के किसी भी शे'र के किसी भी मिसरे में ले सकते हैं फिर पूरी ग़ज़ल में ऐसा करना बिल्कुल ज़रूरी नहीं है।

नोट 2– बह्र-ए-रमल की सालिम रुक्न की बहरों के बारे में हम पहले ही तफ़्सील से चर्चा कर चुके हैं।

बह्र-ए-कामिल

1. बह्र-ए-कामिल मुरब्बा मक़्तूअ सालिम-उल-आख़िर

अर्कान–

फ़इलातुन, मुतफ़ाइलुन
फ़इलातुन, मुतफ़ाइलुन

वज़्न–

1122, 11212
1122, 11212

मिसाल–

मेरे दिल से नहीं खेल तू
कि खिलौना नहीं दिल मेरा

तक़्तीअ–

फ़इलातुन । मुतफ़ाइलुन
मेरे दिल से । नहीं खेल तू
कि खिलौना । नहीं दिल मेरा

नोट– बह्र-ए-कामिल की सालिम रुक्न की बहरों के बारे में हम पहले ही तफ़्सील से चर्चा कर चुके हैं।

बह्र-ए-रजज़

1. बह्र-ए-रजज़ मुसम्मन मतवी

अर्कान–

मुफ़तइलुन, मुफ़तइलुन, मुफ़तइलुन, मुफ़तइलुन
मुफ़तइलुन, मुफ़तइलुन, मुफ़तइलुन, मुफ़तइलुन

वज़्न–

2112, 2112, 2112, 2112
2112, 2112, 2112, 2112

मिसाल–

कोई नहीं दिल में मेरे कोई यहाँ आता नहीं
जैसे हो वीराना कोई फूल जहाँ खिलता नहीं

तक़्तीअ–

मुफ़तइलुन । मुफ़तइलुन । मुफ़तइलुन । मुफ़तइलुन
कोई नहीं । दिल में मेरे । कोई यहाँ । आता नहीं
जैसे हो वी । राना कोई । फूल जहाँ । खिलता नहीं

2. बह्र-ए-रजज़ मुसम्मन मतवी मख़्बून

अर्कान–

मुफ़तइलुन, मुफ़ाइलुन, मुफ़तइलुन, मुफ़ाइलुन
मुफ़तइलुन, मुफ़ाइलुन, मुफ़तइलुन, मुफ़ाइलुन

वज़्न–

2112, 1212, 2112, 1212
2112, 1212, 2112, 1212

मिसाल–

ग़म भी नहीं कोई हमें आँसू भी हम बहाएँ क्यूँ
दिल को हमारे ज़ब्त है होंठ पे कुछ भी लाएँ क्यूँ

तक़्तीअ–

मुफ़तइलुन । मुफ़ाइलुन । मुफ़तइलुन । मुफ़ाइलुन
ग़म भी नहीं । कोई हमें । आँसू भी हम । बहाएँ क्यूँ
दिल को हमा । रे ज़ब्त है । होंठ पे कुछ । भी लाएँ क्यूँ

3. बह्र-ए-रजज़ मुसम्मन मतवी मख़्बून मज़ाल

अर्कान–

मुफ़तइलुन, मुफ़ाइलुन, मुफ़तइलुन, मुफ़ाइलान
मुफ़तइलुन, मुफ़ाइलुन, मुफ़तइलुन, मुफ़ाइलान

वज़्न–

2112, 1212, 2112, 12121
2112, 1212, 2112, 12121

मिसाल–

प्यास नहीं हमें अभी दरिया से कह दो जाए दूर
दिल भी बुझा बुझा सा है आँख में भी नहीं है नूर

तक़्तीअ–

मुफ़तइलुन । मुफ़ाइलुन । मुफ़तइलुन । मुफ़ाइलान
प्यास नहीं । हमें अभी । दरिया से कह । दो जाए दूर
दिल भी बुझा । बुझा सा है । आँख में भी । नहीं है नूर

4. बह्र-ए-रजज़ मुसम्मन मतवी मुरफ़्फ़ल

अर्कान–

मुफ़तइलातुन, मुफ़तइलातुन, मुफ़तइलातुन, मुफ़तइलातुन
मुफ़तइलातुन, मुफ़तइलातुन, मुफ़तइलातुन, मुफ़तइलातुन

वज़्न–

21122, 21122, 21122, 21122
21122, 21122, 21122, 21122

मिसाल–

हम नहीं होंगे तुम नहीं होगे दिल नहीं होंगे इश्क़ न होगा
इश्क़ न होगा हिज्र न होगा दोनों न होंगे चैन से होंगे

तक़्तीअ–

मुफ़तइलातुन । मुफ़तइलातुन । मुफ़तइलातुन । मुफ़तइलातुन
हम नहीं होंगे । तुम नहीं होगे । दिल नहीं होंगे । इश्क़ न होगा
इश्क़ न होगा । हिज्र न होगा । दोनों न होंगे । चैन से होंगे

5. बह्र-ए-रजज़ मुसद्दस मतवी

अर्कान–

मुफ़तइलुन, मुफ़तइलुन, मुफ़तइलुन
मुफ़तइलुन, मुफ़तइलुन, मुफ़तइलुन

वज़्न–

2112, 2112, 2112
2112, 2112, 2112

मिसाल–

हिज्र मिला दुःख भी मिला याद मिली
इश्क़ ने क्या क्या न सितम मुझ पे किए

तक़्तीअ–

मुफ़तइलुन । मुफ़तइलुन । मुफ़तइलुन
हिज्र मिला । दुःख भी मिला । याद मिली
इश्क़ ने क्या । क्या न सितम । मुझ पे किए

6. बह्र-ए-रजज़ मुरब्बा मतवी

अर्कान–

मुफ़तइलुन, मुफ़तइलुन
मुफ़तइलुन, मुफ़तइलुन

वज़्न–

2112, 2112
2112, 2112

मिसाल–

आई न आवाज़ कोई
दिल भी मेरा टूट गया

तक़्तीअ–

मुफ़तइलुन । मुफ़तइलुन
आई न आ । वाज़ कोई
दिल भी मेरा । टूट गया

7. बह्र-ए-रजज़ मुरब्बा मतवी मख़्बून

अर्कान–

मुफ़तइलुन, मुफ़ाइलुन
मुफ़तइलुन, मुफ़ाइलुन

वज़्न–

2112, 1212
2112, 1212

मिसाल–

इश्क़ तो बे क़रार था
हिज्र ही में क़रार है

तक़्तीअ–

मुफ़तइलुन । मुफ़ाइलुन
इश्क़ तो बे । क़रार था
हिज्र ही में । क़रार है

नोट– बह्र-ए-रजज़ की सालिम रुक्न की बहरों के बारे में हम पहले ही तफ़्सील से चर्चा कर चुके हैं।

बह्र-ए-मुतदारिक

1. बह्र-ए-मुतदारिक मुसम्मन मिज़ाल

अर्कान–

फ़ाइलानु, फ़ाइलानु, फ़ाइलानु, फ़ाइलुन
फ़ाइलानु, फ़ाइलानु, फ़ाइलानु, फ़ाइलुन

वज़्न–

2121, 2121, 2121, 212
2121, 2121, 2121, 212

मिसाल–

ये सुकून दिल को था हमारे साथ आप थे
थी नदी तवील पर किनारे साथ आप थे

तक़्तीअ–

फ़ाइलानु । फ़ाइलानु । फ़ाइलानु । फ़ाइलुन
ये सुकून । दिल को था ह । मारे साथ । आप थे
थी नदी त । वील पर कि । नारे साथ । आप थे

2. बह्र-ए-मुतदारिक मुसम्मन महज़ूज़

अर्कान–

फ़ाइलुन, फ़ाइलुन, फ़ाइलुन, फ़े
फ़ाइलुन, फ़ाइलुन, फ़ाइलुन, फ़े

वज़्न–

212, 212, 212, 2
212, 212, 212, 2

मिसाल–

आपके इश्क़ में बावले हैं
क्या से क्या जाने हम हो गए हैं

तक़्तीअ–

फ़ाइलुन । फ़ाइलुन । फ़ाइलुन । फ़े
आपके । इश्क़ में । बावले । हैं
क्या से क्या । जाने हम । हो गए । हैं

3. बह्र-ए-मुतदारिक मुज़ाइफ़ महज़ूज़

अर्कान–

फ़ाइलुन, फ़ाइलुन, फ़ाइलुन, फ़े, फ़ाइलुन, फ़ाइलुन, फ़ाइलुन, फ़े
फ़ाइलुन, फ़ाइलुन, फ़ाइलुन, फ़े, फ़ाइलुन, फ़ाइलुन, फ़ाइलुन, फ़े

वज़्न–

212, 212, 212, 2, 212, 212, 212, 2
212, 212, 212, 2, 212, 212, 212, 2

मिसाल–

रात चुप-चाप बस देखती है ग़म में शामिल नहीं होती मेरे
ज़िंदगी सिर्फ़ ग़म दे रही है ग़म में शामिल नहीं होती मेरे

तक़्तीअ–

फ़ाइलुन । फ़ाइलुन । फ़ाइलुन । फ़े । फ़ाइलुन । फ़ाइलुन । फ़ाइलुन । फ़े
रात चुप । चाप बस । देखती । है । ग़म में शा । मिल नहीं । होती मे । रे
ज़िंदगी । सिर्फ़ ग़म । दे रही । है । ग़म में शा । मिल नहीं । होती मे । रे

4. बह्र-ए-मुतदारिक मुसम्मन मख़्बून

अर्कान–

फ़इलुन, फ़इलुन, फ़इलुन, फ़इलुन
फ़इलुन, फ़इलुन, फ़इलुन, फ़इलुन

वज़्न–

112, 112, 112, 112
112, 112, 112, 112

मिसाल–

यहाँ से वहाँ तक चले तो गए थे
हाँ मगर वहाँ कुछ मिला तो था नहीं

तक़्तीअ–

फ़इलुन । फ़इलुन । फ़इलुन । फ़इलुन
यहाँ से । वहाँ तक । चले तो। गए थे
हाँ मगर । वहाँ कुछ । मिला तो । था नहीं

5. बह्र-ए-मुतदारिक मुज़ाइफ़ मख़्बून

अर्कान–

फ़इलुन, फ़इलुन, फ़इलुन, फ़इलुन, फ़इलुन, फ़इलुन, फ़इलुन, फ़इलुन
फ़इलुन, फ़इलुन, फ़इलुन, फ़इलुन, फ़इलुन, फ़इलुन, फ़इलुन, फ़इलुन

वज़्न–

112, 112, 112, 112, 112, 112, 112, 112
112, 112, 112, 112, 112, 112, 112, 112

मिसाल–

उसे एक नज़र कभी देख लिया कोई जादू थी वो या थी कोई नशा
कोई दोस्त मेरा मुझे थाम ले अब मुझे होश ज़रा सा नहीं रहा है
–जी. आर. वशिष्ठ

तक़्तीअ–

फ़इलुन । फ़इलुन । फ़इलुन । फ़इलुन । फ़इलुन । फ़इलुन । फ़इलुन । फ़इलुन

उसे ए । क नज़र । कभी दे । ख लिया । कोई जा । दू थी वो । या थी को । ई नशा

कोई दोस् । त मेरा । मुझे था । म ले अब । मुझे हो । श ज़रा । सा न हीं । रहा है

6. बह्र-ए-मुतदारिक मुसम्मन मख़्बून मुसक्कन

अर्कान–

फ़ालुन, फ़ालुन, फ़ालुन, फ़ालुन
फ़ालुन, फ़ालुन, फ़ालुन, फ़ालुन
या
फ़ेलुन, फ़ेलुन, फ़ेलुन, फ़ेलुन
फ़ेलुन, फ़ेलुन, फ़ेलुन, फ़ेलुन

वज़्न–

22, 22, 22, 22
22, 22, 22, 22

मिसाल–

चाहो तो जी भर के रो लो
चुप रहने से दिल बैठेगा

तक़्तीअ–

फ़ालुन । फ़ालुन । फ़ालुन । फ़ालुन
चाहो । तो जी । भर के । रो लो
चुप रह । ने से । दिल बै । ठेगा

इस बह्र का आहंग बह्र-ए-मीर जैसा ही है बस कि इसमें सिर्फ़ फ़ेलुन या फ़ालान रुक्न ही हो सकते हैं जिनकी ता'दाद मिसरे में 4 और शे'र में 8 ही रहेगी।

बह्र-ए-मुतक़ारिब

1. बह्र-ए-मुतक़ारिब मुसम्मन मक़्सूर-उल-आख़िर

अर्कान–

फ़ऊलुन, फ़ऊलुन, फ़ऊलुन, फ़ऊलु
फ़ऊलुन, फ़ऊलुन, फ़ऊलुन, फ़ऊलु

वज़्न–

122, 122, 122, 121
122, 122, 122, 121

मिसाल–

सिवा दुःख के देता नहीं कुछ भी प्यार
ये ख़्वाहिश बुरी है सो ख़्वाहिश को मार

तक़्तीअ–

फ़ऊलुन । फ़ऊलुन । फ़ऊलुन । फ़ऊलु
सिवा दुःख । के देता । नहीं कुछ । भी प्यार
ये ख़्वाहिश । बुरी है । सो ख़्वाहिश । को मार

2. बह्र-ए-मुतक़ारिब मुसम्मन महज़ूफ़

अर्कान–

फ़ऊलुन, फ़ऊलुन, फ़ऊलुन, फ़अल
फ़ऊलुन, फ़ऊलुन, फ़ऊलुन, फ़अल

वज़्न–

122, 122, 122, 12
122, 122, 122, 12

मिसाल–

वही आईने हैं वही सूरतें
तू नज़रें उठा कर इशारा तो कर

तक़्तीअ–

फ़ऊलुन । फ़ऊलुन । फ़ऊलुन । फ़अल
वही आ । इने हैं । वही सू । रतें
तू नज़रें । उठा कर । इशारा । तो कर

3. बह्र-ए-मुतक़ारिब मुसम्मन अस्लम सालिम

अर्कान–

फ़ेलुन, फ़ऊलुन, फ़ेलुन, फ़ऊलुन
फ़ेलुन, फ़ऊलुन, फ़ेलुन, फ़ऊलुन

वज़्न–

22, 122, 22, 122
22, 122, 22, 122

मिसाल–

आँखों में उतरी इतनी मुहब्बत
उसने जो देखा रोने लगा वो

तक़्तीअ–

फ़ेलुन । फ़ऊलुन । फ़ेलुन । फ़ऊलुन
आँखों । में उतरी । इतनी । मुहब्बत
उसने । जो देखा । रोने । लगा वो

4. बह्र-ए-मुतक़ारिब मुसम्मन मक़्बूज़ अस्लम

अर्कान–

फ़ऊलु, फ़ेलुन, फ़ऊलु, फ़ेलुन
फ़ऊलु, फ़ेलुन, फ़ऊलु, फ़ेलुन

वज़्न–

121, 22, 121, 22
121, 22, 121, 22

मिसाल–

नहीं हमें रास आई दुनिया
सो आसमाँ की तरफ़ चले हैं

तक़्तीअ–

फ़ऊलु । फ़ेलुन । फ़ऊलु । फ़ेलुन
नहीं ह । में रा । स आई । दुनिया
सो आस । माँ की । तरफ़ च । ले हैं

5. बह्र-ए-मुतक़ारिब मुज़ाइफ़ मक़्बूज़ अस्लम

अर्कान–

फ़ऊलु, फ़ेलुन, फ़ऊलु, फ़ेलुन, फ़ऊलु, फ़ेलुन, फ़ऊलु, फ़ेलुन
फ़ऊलु, फ़ेलुन, फ़ऊलु, फ़ेलुन, फ़ऊलु, फ़ेलुन, फ़ऊलु, फ़ेलुन

वज़्न–

121, 22, 121, 22, 121, 22, 121, 22
121, 22, 121, 22, 121, 22, 121, 22

मिसाल–

हमारे हिस्से में जब से आया हुई है वहशत बेचारे ग़म को
न जाने हमसे है इश्क़ कितना न जाने कितने हैं प्यारे ग़म को

तक़्तीअ–

फ़ऊलु । फ़ेलुन । फ़ऊलु । फ़ेलुन । फ़ऊलु । फ़ेलुन । फ़ऊलु । फ़ेलुन
हमारे । हिस्से । में जब से । आया । हुई है । वहशत । बेचारे । ग़म को
न जाने । हमसे । है इश्क़ । कितना । न जाने । कितने । हैं प्यारे । ग़म को

6. बह्र-ए-मुतक़ारिब मुसम्मन असरम सालिम-उल-आख़िर

अर्कान–

फ़ालु, फ़ऊलुन, फ़ालु, फ़ऊलुन
फ़ालु, फ़ऊलुन, फ़ालु, फ़ऊलुन

वज़्न–

21, 122, 21, 122
21, 122, 21, 122

मिसाल–

आज हमारी आँख लगी है
आज तो शायद ख़्वाब भी आएँ

तक़्तीअ–

फ़ालु । फ़ऊलुन । फ़ालु । फ़ऊलुन
आज । हमारी । आँख । लगी है
आज । तो शायद । ख़्वाब । भी आएँ

7. बह्र-ए-मुतक़ारिब मुज़ाइफ़ असरम सालिम-उल-आख़िर

अर्कान–

फ़ालु, फ़ऊलुन, फ़ालु, फ़ऊलुन, फ़ालु, फ़ऊलुन, फ़ालु, फ़ऊलुन
फ़ालु, फ़ऊलुन, फ़ालु, फ़ऊलुन, फ़ालु, फ़ऊलुन, फ़ालु, फ़ऊलुन

वज़्न–

21, 122, 21, 122, 21, 122, 21, 122
21, 122, 21, 122, 21, 122, 21, 122

मिसाल–

आज तो दिल को ग़म भी बड़ा है आज तो आँसू बह के रहेंगे
ज़ब्त कहाँ तक कोई करेगा दर्द तो अपना कह के रहेंगे

तक़्तीअ–

फ़ालु । फ़ऊलुन । फ़ालु । फ़ऊलुन । फ़ालु । फ़ऊलुन । फ़ालु । फ़ऊलुन
आज । तो दिल को । ग़म भी । बड़ा है । आज । तो आँसू । बह के । रहेंगे
ज़ब्त । कहाँ तक । कोई । करेगा । दर्द । तो अपना । कह के । रहेंगे

नोट– इस बह्र को बह्र-ए-रजज़ मतवी मुरफ़्फ़ल में भी तब्दील किया जा सकता है जिसके अर्कान हैं–

मुफ़तइलातुन, मुफ़तइलातुन, मुफ़तइलातुन, मुफ़तइलातुन
मुफ़तइलातुन, मुफ़तइलातुन, मुफ़तइलातुन, मुफ़तइलातुन

और वज़्न है–

21122, 21122, 21122, 21122
21122, 21122, 21122, 21122

8. बह्र-ए-मुतक़ारिब मुसम्मन अस्लम मुसब्ब-उल-आख़िर

अर्कान–

फ़ालुन, फ़ऊलुन, फ़ालुन, फ़ऊलान
फ़ालुन, फ़ऊलुन, फ़ालुन, फ़ऊलान

वज़्न–

22, 122, 22, 1221
22, 122, 22, 1221

मिसाल–

दिल को नहीं हैं मेरे शिकायात
बस मुझको तुझसे करनी नहीं बात

तक़्तीअ–

फ़ालुन । फ़ऊलुन । फ़ालुन । फ़ऊलान
दिल को । नहीं हैं । मेरे । शिकायात
बस मुझ । को तुझसे । करनी । नहीं बात

मुरक्कब और मुरक्कब मुज़ाहिफ़ बहरें

बह्र-ए-तवील

1. बह्र-ए-तवील मुसम्मन सालिम

अर्कान

फ़ऊलुन, मुफ़ाईलुन, फ़ऊलुन, मुफ़ाईलुन
फ़ऊलुन, मुफ़ाईलुन, फ़ऊलुन, मुफ़ाईलुन

वज़्न–

122, 1222, 122, 1222
122, 1222, 122, 1222

मिसाल–

हुई है मुहब्बत भी हुई है अदावत भी
सुनी है सदा दिल की मिली है सज़ा इसकी

तक़्तीअ–

फ़ऊलुन । मुफ़ाईलुन । फ़ऊलुन । मुफ़ाईलुन
हुई है । मुहब्बत भी । हुई है । अदावत भी
सुनी है । सदा दिल की । मिली है । सज़ा इसकी

बह्र-ए-मदीद

1. बह्र-ए-मदीद मुसम्मन सालिम

अर्कान–

फ़ाइलातुन, फ़ाइलुन, फ़ाइलातुन, फ़ाइलुन
फ़ाइलातुन, फ़ाइलुन, फ़ाइलातुन, फ़ाइलुन

वज़्न–

2122, 212, 2122, 212
2122, 212, 2122, 212

मिसाल–

देखिए आँखें मेरी पूछिए दिल से मेरे
क्या कहीं भी रंज है क्या कहीं शिकवा कोई

तक़्तीअ–

फ़ाइलातुन । फ़ाइलुन । फ़ाइलातुन । फ़ाइलुन
देखिए आँ । खें मेरी । पूछिए दिल । से मेरे
क्या कहीं भी । रंज है । क्या कहीं शिक । वा कोई

बह्र-ए-बसीत

1. बह्र-ए-बसीत मुसम्मन सालिम

अर्कान–

मुस्तफ़इलुन, फ़ाइलुन, मुस्तफ़इलुन, फ़ाइलुन

मुस्तफ़इलुन, फ़ाइलुन, मुस्तफ़इलुन, फ़ाइलुन

वज़्न–

2212, 212, 2212, 212

2212, 212, 2212, 212

मिसाल–

उसके भी लब बे-ज़बाँ मेरे भी लब बे-ज़बाँ

इज़हार हो क्या भला दोनों के जज़्बात का

तक़्तीअ–

मुस्तफ़इलुन । फ़ाइलुन । मुस्तफ़इलुन । फ़ाइलुन

उसके भी लब । बे-ज़बाँ । मेरे भी लब । बे-ज़बाँ

इज़हार हो । क्या भला । दोनों के जज़् । बात का

2. बह्र-ए-बसीत मुसम्मन मख़्बून

अर्कान–

मुफ़ाइलुन, फ़इलुन, मुफ़ाइलुन, फ़इलुन

मुफ़ाइलुन, फ़इलुन, मुफ़ाइलुन, फ़इलुन

वज़्न–

1212, 112, 1212, 112

1212, 112, 1212, 112

मिसाल–

हुआ है इश्क़ मुझे उड़ी है नींद मेरी
अजीब बात है ये मैं हँस रहा हूँ मगर

तक़्तीअ–

मुफ़ाइलुन । फ़इलुन । मुफ़ाइलुन । फ़इलुन
हुआ है इश् । क़ मुझे । उड़ी है नीं । द मेरी
अजीब बा । त है ये । मैं हँस रहा । हूँ मगर

बह्र-ए-मुज़ारे

1. बह्र-ए-मुज़ारे मुसम्मन सालिम

अर्कान–

मुफ़ाईलुन, फ़ाइलातुन, मुफ़ाईलुन, फ़ाइलातुन
मुफ़ाईलुन, फ़ाइलातुन, मुफ़ाईलुन, फ़ाइलातुन

वज़्न–

1222, 2122, 1222, 2122
1222, 2122, 1222, 2122

मिसाल–

वही ज़ाहिर जो है बातिन जो है बातिन है वो ज़ाहिर
नहीं डरता मैं डरूँ क्यूँ जो सच बोले वो डरे क्यूँ

तक़्तीअ–

मुफ़ाईलुन । फ़ाइलातुन । मुफ़ाईलुन । फ़ाइलातुन
वही ज़ाहिर । जो है बातिन । जो है बातिन । है वो ज़ाहिर
नहीं डरता । मैं डरूँ क्यूँ । जो सच बोले । वो डरे क्यूँ

2. बह्र-ए-मुज़ारे मुसम्मन अख़रब

अर्कान–

मफ़ऊल, फ़ाइलातुन, मफ़ऊल, फ़ाइलातुन
मफ़ऊल, फ़ाइलातुन, मफ़ऊल, फ़ाइलातुन

वज़्न–

221, 2122, 221, 2122
221, 2122, 221, 2122

मिसाल–

दिल को नहीं कहीं पर भी चैन क्या करें हम
जाएँ कहाँ किधर जाएँ क्या करें बता कुछ

तक़्तीअ–

मफ़ऊल । फ़ाइलातुन । मफ़ऊल । फ़ाइलातुन
दिल को न । हीं कहीं पर । भी चैन । क्या करें हम
जाएँ क । हाँ किधर जा । एँ क्या क । रें बता कुछ

3. बह्र-ए-मुज़ारे मुसम्मन अख़रब महज़ूफ़

अर्कान–

मफ़ऊल, फ़ाइलातुन, मफ़ऊल, फ़ाइलुन
मफ़ऊल, फ़ाइलातुन, मफ़ऊल, फ़ाइलुन

वज़्न–

221, 2122, 221, 212
221, 2122, 221, 212

मिसाल–

ईमानदार रहके मेहनत करो मियाँ
इक ये ही रास्ता बस मंज़िल को जाएगा
–जी. आर. वशिष्ठ

तक़्तीअ–

मफ़ऊल । फ़ाइलातुन । मफ़ऊल । फ़ाइलुन
ईमान । दार रहके । मेहनत क । रो मियाँ
इक ये ही । रास्ता बस । मंज़िल को । जाएगा

4. बह्र-ए-मुज़ारे मुसम्मन अख़रब मक्फ़ूफ़ महज़ूफ़

अर्कान–

मफ़ऊल, फ़ाइलातु, मुफ़ाईलु, फ़ाइलुन
मफ़ऊल, फ़ाइलातु, मुफ़ाईलु, फ़ाइलुन

वज़्न–

221, 2121, 1221, 212

221, 2121, 1221, 212

मिसाल–

तेरे क़रीब आने का रस्ता अजीब है
तुझ तक पहुँच न पाऊँगा इतना अजीब है

तक़्तीअ–

मफ़ऊल । फ़ाइलातु । मुफ़ाईलु । फ़ाइलुन
तेरे क़ । रीब आने । का रस्ता अ । जीब है
तुझ तक प । हुँच न पाऊँ । गा इतना अ । जीब है

5. बह्र-ए-मुज़ारे मुसम्मन अख़रब मक्फ़ूफ़ मक्सूर

अर्कान–

मफ़ऊल, फ़ाइलातु, मुफ़ाईलु, फ़ाइलान
मफ़ऊल, फ़ाइलातु, मुफ़ाईलु, फ़ाइलान

वज़्न–

221, 2121, 1221, 2121

221, 2121, 1221, 2121

मिसाल–

तेरे क़रीब आने का रस्ता अजीब यार
तुझ तक पहुँच न पाऊँगा इतना अजीब यार

तक़्तीअ–

मफ़ऊल । फ़ाइलातु । मुफ़ाईलु । फ़ाइलान
तेरे क़ । रीब आने । का रस्ता अ । जीब यार
तुझ तक प । हुँच न पाऊँ । गा इतना अ । जीब यार

6. बह्र-ए-मुज़ारे मुसम्मन मक्सूर

अर्कान–

मुफ़ाईलु, फ़ाइलातु, मुफ़ाईलु, फ़ाइलान
मुफ़ाईलु, फ़ाइलातु, मुफ़ाईलु, फ़ाइलान

वज़्न–

1221, 2121, 1221, 2121

1221, 2121, 1221, 2121

मिसाल–

बुझे दिल में अब चराग़ जलाएँगे हम ज़रूर
भले आँख इसके बदले बुझा दे न क्यूँ हुज़ूर

तक़्तीअ–

मुफ़ाईलु । फ़ाइलातु । मुफ़ाईलु । फ़ाइलान
बुझे दिल में । अब चराग़ । जलाएँगे । हम ज़रूर
भले आँख । इसके बदले । बुझा दे न । क्यूँ हुज़ूर

7. बह्र-ए-मुज़ारे मुसद्दस अख़रब मक्फ़ूफ़

अर्कान–

मफ़ऊल, फ़ाइलातु, मुफ़ाईलुन
मफ़ऊल, फ़ाइलातु, मुफ़ाईलुन

वज़्न–

221, 2121, 1222

221, 2121, 1222

मिसाल–

दुनिया बहुत ख़राब हुई है अब
जिसको भी देखो वो ही फ़रेबी है

तक़्तीअ–

मफ़ऊल । फ़ाइलातु । मुफ़ाईलुन
दुनिया ब । हुत ख़राब । हुई है अब
जिसको भी । देखो वो ही । फ़रेबी है

8. बह्र-ए-मुज़ारे मुरब्बा अख़रब महज़ूफ़

अर्कान–

मफ़ऊल, फ़ाइलुन
मफ़ऊल, फ़ाइलुन

वज़्न–

221, 212

221, 212

मिसाल–

दुनिया तू सुन मेरी
हाँ मुझको इश्क़ है

तक़्तीअ–

मफ़ऊल । फ़ाइलुन
दुनिया तू । सुन मेरी
हाँ मुझको । इश्क़ है

9. बह्-ए-मुज़ारे मुरब्बा अख़रब

अर्कान–

मफ़ऊल, फ़ाइलातुन
मफ़ऊल, फ़ाइलातुन

वज़्न–

221, 2122

221, 2122

मिसाल–

हम तो नशे में हैं अब
तुम भी नशे में हो क्या

तक़्तीअ–

मफ़ऊल । फ़ाइलातुन
हम तो न । शे में हैं अब
तुम भी न । शे में हो क्या

बह्-ए-मुक़्तज़ब

1. बह्-ए-मुक़्तज़ब मुसम्मन सालिम

अर्कान–

मफ़ऊलातु, मुस्तफ़इलुन, मफ़ऊलातु, मुस्तफ़इलुन
मफ़ऊलातु, मुस्तफ़इलुन, मफ़ऊलातु, मुस्तफ़इलुन

वज़्न–

2221, 2212, 2221, 2212
2221, 2212, 2221, 2212

मिसाल–

नफ़रत ही कमाएँ कमाने वाले यहाँ पर सभी
इक इंसान भी तो नहीं जो दिल से मुहब्बत जिए

तक़्तीअ–

मफ़ऊलातु । मुस्तफ़इलुन । मफ़ऊलातु । मुस्तफ़इलुन
नफ़रत ही क । माएँ कमा । ने वाले य । हाँ पर सभी
इक इंसान । भी तो नहीं । जो दिल से मु । हब्बत जिए

2. बह्-ए-मुक़्तज़ब मुसम्मन मतवी

अर्कान–

फ़ाइलातु, मुफ़तइलुन, फ़ाइलातु, मुफ़तइलुन
फ़ाइलातु, मुफ़तइलुन, फ़ाइलातु, मुफ़तइलुन

वज़्न–

2121, 2112, 2121, 2112
2121, 2112, 2121, 2112

मिसाल–

चाँद रात आ गई है मेरा चाँद आया नहीं
दिल में दुःख भी बढ़ रहा है आँख नम भी हो रही है

तक़्तीअ–

फ़ाइलातु । मुफ़्तइलुन । फ़ाइलातु । मुफ़्तइलुन
चाँद रात । आ गई है । मेरा चाँद । आया नहीं
दिल में दुःख भी । बढ़ रहा है । आँख नम भी । हो रही है

3. बह्र-ए-मुक़्तज़ब मुसम्मन मतवी मक़्तूअ

अर्कान–

फ़ाइलातु, मफ़ऊलुन, फ़ाइलातु, मफ़ऊलुन
फ़ाइलातु, मफ़ऊलुन, फ़ाइलातु, मफ़ऊलुन

वज़्न–

2121, 222, 2121, 222
2121, 222, 2121, 222

मिसाल–

सोचता हूँ जब ये किरदार मर गया मेरा
दास्ताँ में कोई भी मोड़ क्यूँ नहीं आता
–जी. आर. वशिष्ठ

तक़्तीअ–

फ़ाइलातु । मफ़ऊलुन । फ़ाइलातु । मफ़ऊलुन
सोचता हूँ । जब ये किर । दार मर ग । या मेरा
दास्ताँ में । कोई भी । मोड़ क्यूँ न । हीं आता

4. बह्र-ए-मुक़्तज़ब मुरब्बा मतवी मक़्तूअ

अर्कान–

फ़ाइलातु, मफ़ऊलुन
फ़ाइलातु, मफ़ऊलुन

वज़्न–

2121, 222

2121, 222

मिसाल–

इश्क़ तो करो लेकिन
इश्क़ ही नहीं सब कुछ
- जी. आर. वशिष्ठ

तक़्तीअ–

फ़ाइलातु । मफ़ऊलुन
इश्क़ तो क । रो लेकिन
इश्क़ ही न । हीं सब कुछ

5. बह्र-ए-मुक़्तज़ब मुतस्सा मतवी मक़्तूअ

अर्कान–

फ़ाइलातु, मफ़ऊलुन, फ़ाइलातु, मफ़ऊलुन, फ़ाइलातु, मफ़ऊलुन
फ़ाइलातु, मफ़ऊलुन, फ़ाइलातु, मफ़ऊलुन, फ़ाइलातु, मफ़ऊलुन

वज़्न–

2121, 222, 2121, 222, 2121, 222
2121, 222, 2121, 222, 2121, 222

मिसाल–

दिल कहाँ पे ले जाएँ मन कहाँ लगाएँ हम पूरी दुनिया झूठी है
सो यही चुना हमने इश्क़ करते जाएँगे इश्क़ जीते जाएँगे

तक़्तीअ–

फ़ाइलातु । मफ़ऊलुन । फ़ाइलातु । मफ़ऊलुन । फ़ाइलातु । मफ़ऊलुन
दिल कहाँ पे । ले जाएँ । मन कहाँ ल । गाएँ हम । पूरी दुनिया । झूठी है
सो यही चु । ना हमने । इश्क़ करते । जाएँगे । इश्क़ जीते । जाएँगे

बह्र-ए-मुज्तस

1. बह्र-ए-मुज्तस मुसम्मन सालिम

अर्कान–

मुस्तफ़इलुन, फ़ाइलातुन, मुस्तफ़इलुन, फ़ाइलातुन
मुस्तफ़इलुन, फ़ाइलातुन, मुस्तफ़इलुन, फ़ाइलातुन

वज़्न–

2212, 2122, 2212, 2122
2212, 2122, 2212, 2122

मिसाल–

तू आसमाँ में रहे तुझको क्या पता हम ज़मीं पर
भगवान किन मुश्किलों में जीवन जिए जा रहे हैं
- जी. आर. वशिष्ठ

तक़्तीअ–

मुस्तफ़इलुन । फ़ाइलातुन । मुस्तफ़इलुन । फ़ाइलातुन
तू आसमाँ । में रहे तुझ । को क्या पता । हम ज़मीं पर
भगवान् किन । मुश्किलों में । जीवन जिए । जा रहे हैं

2. बह्र-ए-मुज्तस मुसम्मन मख़्बून

अर्कान–

मुफ़ाइलुन, फ़इलातुन, मुफ़ाइलुन, फ़इलातुन
मुफ़ाइलुन, फ़इलातुन, मुफ़ाइलुन, फ़इलातुन

वज़्न–

1212, 1122, 1212, 1122

1212, 1122, 1212, 1122

मिसाल–

हमारे होंठों पे ख़ामोशी हर तरह से थी क़ाबिज़
मगर ये सच है कि आँखें तो बोलती ही रही हैं

तक़्तीअ–

मुफ़ाइलुन । फ़इलातुन । मुफ़ाइलुन। फ़इलातुन
हमारे हों । टों पे ख़ामो । शी हर तरह । से थी क़ाबिज़
मगर ये सच । है कि आँखें । तो बोलती । ही रही हैं

3. बह्र-ए-मुज्तस मुसम्मन मख़्बून महज़ूफ़

अर्कान–

मुफ़ाइलुन, फ़इलातुन, मुफ़ाइलुन, फ़इलुन

मुफ़ाइलुन, फ़इलातुन, मुफ़ाइलुन, फ़इलुन

वज़्न–

1212, 1122, 1212, 112

1212, 1122, 1212, 112

मिसाल–

वो ऐसा ख़्वाब है जो ख़्वाब में भी देखा नहीं
अजीब बात है ताबीर मिल गई है मुझे

तक़्तीअ–

मुफ़ाइलुन । फ़इलातुन । मुफ़ाइलुन । फ़इलुन
वो ऐसा ख़्वा । ब है जो ख़्वा । ब में भी दे । खा नहीं
अजीब बा । त है ताबी । र मिल गई । है मुझे

4. बह्र-ए-मुज्तस मुसम्मन मख़्बून महज़ूफ़ मुसक्कन

अर्कान–

मुफ़ाइलुन, फ़इलातुन, मुफ़ाइलुन, फ़ेलुन

मुफ़ाइलुन, फ़इलातुन, मुफ़ाइलुन, फ़ेलुन

वज़्न–

1212, 1122, 1212, 22

1212, 1122, 1212, 22

मिसाल–

ये काम ऐसा है जो सब किया नहीं करते
किसी के वास्ते हम बद-दुआ नहीं करते

तक़्तीअ–

मुफ़ाइलुन । फ़इलातुन । मुफ़ाइलुन । फ़ेलुन
ये काम ऐ । सा है जो सब । किया नहीं । करते
किसी के वा । स् ते हम बद । दुआ नहीं । करते

नोट– इस बह्र के आख़िरी रुक्न (अरूज़ या ज़र्ब) फ़ेलुन (22) को हम फ़ालान' (221), फ़इलुन (112) या फ़इलान (1121) से बदल सकते हैं।

5. बह्र-ए-मुज्तस मुसम्मन मख़्बून मक़्सूर

अर्कान–

मुफ़ाइलुन, फ़इलातुन, मुफ़ाइलुन, फ़इलान

मुफ़ाइलुन, फ़इलातुन, मुफ़ाइलुन, फ़इलान

वज़्न–

1212, 1122, 1212, 1121

1212, 1122, 1212, 1121

मिसाल–

उदास शाम है लेकिन नहीं तू मेरे क़रीब
मैं चाहता हूँ कि होती यहीं तू मेरे क़रीब

तक़्तीअ–

मुफ़ाइलुन । फ़इलातुन । मुफ़ाइलुन । फ़इलान
उदास शा । म है लेकिन । नहीं तू मे । रे क़रीब
मैं चाहता । हूँ कि होती । यहीं तू मे । रे क़रीब

6. बह्र-ए-मुज्तस मुसम्मन मख़्बून मुसक्किन मक़्सूर

अर्कान–

मुफ़ाइलुन, फ़इलातुन, मुफ़ाइलुन, फ़ालान
मुफ़ाइलुन, फ़इलातुन, मुफ़ाइलुन, फ़ालान

वज़्न–

1212, 1122, 1212, 221
1212, 1122, 1212, 221

मिसाल–

दुआ करो कि मुहब्बत के बाब में खुल जाए
कि उसके नाम का सफ़्हा किताब में खुल जाए

तक़्तीअ–

मुफ़ाइलुन । फ़इलातुन । मुफ़ाइलुन । फ़ालान
दुआ करो । कि मुहब्बत । के बाब में । खुल जाए
कि उसके ना । म का सफ़्हा । किताब में । खुल जाए

7. बह्र-ए-मुज्तस मुसम्मन मुशअअस मख़्बून महज़ूफ़

अर्कान–

मुफ़ाइलुन, मफ़ऊलुन, मुफ़ाइलुन, फ़ेलुन
मुफ़ाइलुन, मफ़ऊलुन, मुफ़ाइलुन, फ़ेलुन

वज़्न–

1212, 222, 1212, 22
1212, 222, 1212, 22

मिसाल–

जो चाहो आँखें देखो तुम्हारा चेहरा है
तुम्हारा ही है इक नाम साँस में मेरी

तक़्तीअ–

मुफ़ाइलुन । मफ़ऊलुन । मुफ़ाइलुन । फ़ेलुन
जो चाहो आँ। खें देखो । तुम्हारा चेह । रा है
तुम्हारा ही । है इक ना । म साँस में । मेरी

8. बह्र-ए-मुज्तस मुसम्मन मुशअअस मुसक्किन मक़्सूर

अर्कान–

मुफ़ाइलुन, मफ़ऊलुन, मुफ़ाइलुन, फ़ालान

मुफ़ाइलुन, मफ़ऊलुन, मुफ़ाइलुन, फ़ालान

वज़्न–

1212, 222, 1212, 221

1212, 222, 1212, 221

मिसाल–

हमारे दिल की आवाज़ आप क्या सुन पाए

न जाने कब ही से ले रहा है बस इक नाम

तक़्तीअ–

मुफ़ाइलुन । मफ़ऊलुन । मुफ़ाइलुन । फ़ालान

हमारे दिल । की आवा । ज़ आप क्या । सुन पाए

न जाने कब । ही से ले । रहा है बस । इक नाम

बह्र-ए-मुनसरह

1. बह्र-ए-मुनसरह के सालिम

अर्कान–

मुसतफ़इलुन, मफ़ऊलातु, मुसतफ़इलुन, मफ़ऊलातु
मुसतफ़इलुन, मफ़ऊलातु, मुसतफ़इलुन, मफ़ऊलातु

वज़्न–

2212, 2221, 2212, 2221
2212, 2221, 2212, 2221

नोट– इस बह्र का आहंग उर्दू ज़बान के लिहाज़ से दुरुस्त नहीं है बल्कि इसकी ज़िहाफ़ से बनी बहरें काफ़ी हद तक बेहतर हैं लिहाज़ा हम इसकी मुज़ाहिफ़ बहरों की जानिब बढ़ते हैं।

2. बह्र-ए-मुनसरह मुसम्मन मतवी मौक़ूफ़

अर्कान–

मुफ़तइलुन, फ़ाइलातु, मुफ़तइलुन, फ़ाइलातु
मुफ़तइलुन, फ़ाइलातु, मुफ़तइलुन, फ़ाइलातु

वज़्न–

2112, 2121, 2112, 2121
2112, 2121, 2112, 2121

मिसाल–

शाम ढली चाँद आ गया हुई रोशन ये रात
देख रहे आसमान को नहीं करते हैं बात

तक़्तीअ–

मुफ़तइलुन । फ़ाइलातु । मुफ़तइलुन । फ़ाइलातु
शाम ढली । चाँद आ ग । या हुई रो । शन ये रात
देख रहे । आसमान । को नहीं कर । ते हैं बात

3. बह्र-ए-मुनसरह मुसम्मन मतवी मक्सूफ़

अर्कान–

मुफ़तइलुन, फ़ाइलुन, मुफ़तइलुन, फ़ाइलुन
मुफ़तइलुन, फ़ाइलुन, मुफ़तइलुन, फ़ाइलुन

वज़्न–

2112, 212, 2112, 212
2112, 212, 2112, 212

मिसाल–

तुम नहीं जाओ कहीं हम नहीं जाएँ कहीं
ऐसे मुहब्बत करें दोनों में घुल जाएँ हम

तक़्तीअ–

मुफ़तइलुन । फ़ाइलुन । मुफ़तइलुन । फ़ाइलुन
तुम नहीं जा । ओ कहीं । हम नहीं जा । एँ कहीं
ऐसे मुहब् । बत करें । दोनों में घुल । जाएँ हम

4. बह्र-ए-मुनसरह मुसम्मन मतवी मौक़ूफ़ मक्सूफ़

अर्कान–

मुफ़तइलुन, फ़ाइलातु, मुफ़तइलुन, फ़ाइलुन
मुफ़तइलुन, फ़ाइलातु, मुफ़तइलुन, फ़ाइलुन

वज़्न–

2112, 2121, 2112, 212
2112, 2121, 2112, 212

मिसाल–

हिज्र का डर भी तुम्हारे बा'द चला जाएगा
इश्क़ का इक हौसला रहेगा मेरे साथ में

तक़्तीअ–

मुफ़तइलुन । फ़ाइलातु । मुफ़तइलुन । फ़ाइलुन
हिज्र का डर । भी तुम्हारे । बा'द चला । जाएगा
इश्क़ का इक । हौसला र । हेगा मेरे । साथ में

5. बह्र-ए-मुनसरह मतवी मक्सूफ़ मौक़ूफ़

अर्कान–

मुफ़तइलुन, फ़ाइलुन, मुफ़तइलुन, फ़ाइलान
मुफ़तइलुन, फ़ाइलुन, मुफ़तइलुन, फ़ाइलान

वज़्न–

2112, 212, 2112, 2121
2112, 212, 2112, 2121

मिसाल–

तू मेरी अब बात सुन तू मेरी अब आँख देख
मुँह न चुरा देख तो सुन तो सही मेरा हाल

तक़्तीअ–

मुफ़तइलुन । फ़ाइलुन । मुफ़तइलुन । फ़ाइलान
तू मेरी अब । बात सुन । तू मेरी अब । आँख देख
मुँह न चुरा । देख तो । सुन तो सही । मेरा हाल

6. बह्र-ए-मुनसरह मुसम्मन मतवी मन्हूर या 'बह्र-ए-मुनसरह मुसम्मन मतवी अस्लम महज़ूफ़'

अर्कान–

मुफ़तइलुन, फ़ाइलातु, मुफ़तइलुन, फ़ा
मुफ़तइलुन, फ़ाइलातु, मुफ़तइलुन, फ़ा

वज़्न–

2112, 2121, 2112, 2
2112, 2121, 2112, 2

मिसाल–

गिर्या निकाले है तेरी बज़्म से मुझ को
हाए कि रोने पे इख़्तियार नहीं है
–ग़ालिब

तक़्तीअ–

मुफ़तइलुन । फ़ाइलातु । मुफ़तइलुन । फ़ा
गिर्या निका । ले है तेरी । बज़्म से मुझ । को
हाए कि रो । ने पे इख़्ति । यार नहीं । है

नोट– मैंने यहाँ ग़ालिब का शे'र बतौर-ए-मिसाल इसी लिए पेश किया कि ग़ालिब इसी लिए ही उस्ताद शोअरा में शुमार होते हैं कि ये किसी भी बह्र में कहें लेकिन शे'र की शेरियत बहरहाल भरपूर मिलेगी। ये सब आसान नहीं बल्कि बेहद मुश्किल काम है।

7. बह्र-ए-मुनसरह मुसम्मन मतवी मज्दूअ या अस्लम मक़्सूर

अर्कान–

मुफ़तइलुन, फ़ाइलुन, मुफ़तइलुन, फ़ाअ
मुफ़तइलुन, फ़ाइलुन, मुफ़तइलुन, फ़ाअ

वज़्न–

2112, 212, 2112, 21
2112, 212, 2112, 21

मिसाल–

मारे है मुझको तो फिर जान ही से मार
तेरे बिना जीना आसान नहीं यार

तक़्तीअ–

मुफ़तइलुन । फ़ाइलुन । मुफ़तइलुन । फ़ाअ
मारे है मुझ । को तो फिर । जान ही से । मार
तेरे बिना । जीना आ । सान नहीं । यार

8. बह्र-ए-मुनसरह मुसद्दस मतवी

अर्कान–

मुफ़तइलुन, फ़ाइलातु, मुफ़तइलुन

मुफ़तइलुन, फ़ाइलातु, मुफ़तइलुन

वज़्न–

2112, 2121, 2112

2112, 2121, 2112

मिसाल–

तेरा मुझे इंतज़ार तो नहीं है

फिर भी तेरी राह देखता हूँ मैं क्यूँ

तक़्तीअ–

मुफ़तइलुन । फ़ाइलातु । मुफ़तइलुन

तेरा मुझे । इंतज़ार । तो नहीं है

फिर भी तेरी । राह देख । ता हूँ मैं क्यूँ

9. बह्र-ए-मुनसरह मुसद्दस मतवी मक़्तूअ

अर्कान–

मुफ़तइलुन, फ़ाइलातु, मफ़ऊलुन

मुफ़तइलुन, फ़ाइलातु, मफ़ऊलुन

वज़्न–

2112, 2121, 222

2112, 2121, 222

मिसाल–

होंठ मेरे चुप रहेंगे भी लेकिन

आँख नहीं चुप रहेंगी बोलेंगी

तक़्तीअ–

मुफ़तइलुन । फ़ाइलातु । मफ़ऊलुन

होंठ मेरे । चुप रहेंगे । भी लेकिन

आँख नहीं । चुप रहेंगी। बोलेंगी

10. बह्र-ए-मुनसरह मुरब्बा मतवी मक्सूफ़

अर्कान–

मुफ़तइलुन, फ़ाइलुन
मुफ़तइलुन, फ़ाइलुन

वज़्न–

2112, 212
2112, 212

मिसाल–

आप कहाँ जाएँगे
दिल ही में रह जाइए

तक़्तीअ–

मुफ़तइलुन । फ़ाइलुन
आप कहाँ । जाएँगे
दिल ही में रह । जाइए

बह्र-ए-सरीअ

1. बह्र-ए-सरीअ मुसद्दस सालिम

अर्कान–

मुसतफ़इलुन, मुसतफ़इलुन, मफ़ऊलात
मुसतफ़इलुन, मुसतफ़इलुन, मफ़ऊलात

वज़्न–

2212, 2212, 2221
2212, 2212, 2221

नोट– इस बह्र का आहंग उर्दू ज़बान के लिहाज़ से दुरुस्त नहीं है बल्कि इसकी ज़िहाफ़ से बनी बहरें काफ़ी हद तक बेहतर हैं लिहाज़ा हम इसकी मुज़ाहिफ़ बहरों की जानिब बढ़ते हैं।

2. बह्र-ए-सरीअ मुसद्दस मक्सूफ़

अर्कान–

मुसतफ़इलुन, मुसतफ़इलुन, फ़ऊलुन
मुसतफ़इलुन, मुसतफ़इलुन, फ़ऊलुन

वज़्न–

2212, 2212, 122
2212, 2212, 122

मिसाल–

आए नहीं दिल में सवाल वर्ना
तू सोचता रहता जवाब क्या दूँ

तक़्तीअ–

मुसतफ़इलुन । मुसतफ़इलुन । फ़ऊलुन

आए नहीं । दिल में सवा । ल वर्ना

तू सोचता । रहता जवा । ब क्या दूँ

3. बह्र-ए-सरीअ मुसद्दस मतवी मक़्सूफ़

अर्कान–

मुफ़तइलुन, मुफ़तइलुन, फ़ाइलुन

मुफ़तइलुन, मुफ़तइलुन, फ़ाइलुन

वज़्न–

2112, 2112, 212

2112, 2112, 212

मिसाल–

लाख तुझे भूल भी जाऊँ मगर

दिल नहीं लगता किसी भी हाल में

तक़्तीअ–

मुफ़तइलुन । मुफ़तइलुन । फ़ाइलुन

लाख तुझे । भूल भी जा । ऊँ मगर

दिल नहीं लग । ता किसी भी । हाल में

4. बह्र-ए-सरीअ मुसद्दस मतवी मौक़ूफ़

अर्कान–

मुफ़तइलुन, मुफ़तइलुन, फ़ाइलान

मुफ़तइलुन, मुफ़तइलुन, फ़ाइलान

वज़्न–

2112, 2112, 2121

2112, 2112, 2121

मिसाल–

जान मेरी जा रही है मेरी जान

सामने आ शक्ल दिखा अपनी जान

तक़्तीअ–

मुफ़तइलुन । मुफ़तइलुन । फ़ाइलान

जान मेरी । जा रही है । मेरी जान

सामने आ । शक्ल दिखा । अपनी जान

नोट– इस बह्र के सारे रुक्न बदले जा सकते हैं जिनके औज़ान नीचे लिखे हुए हैं–

1. मफ़ऊलुन, मुफ़तइलुन, मफ़ऊलुन
2. फ़ाइलुन, मुफ़तइलुन, फ़ाइलान
3. फ़ाइलुन, मुफ़तइलुन, मफ़ऊलुन
4. मफ़ऊलुन, मुफ़तइलुन, फ़ाइलान
5. मुफ़ाइलुन, मुफ़तइलुन, फ़ाइलान
6. मुफ़तइलुन, मुफ़तइलुन, फ़ाइलान

5. बह्र-ए-सरीअ मुसद्दस मक़्तूअ मज़्दूअ

अर्कान–

मुफ़तइलुन, मफ़ऊलुन, फ़ाअ

मुफ़तइलुन, मफ़ऊलुन, फ़ाअ

वज़्न–

2112, 222, 21

2112, 222, 21

मिसाल–

प्यार ही दिल का मेरे सार

क्या ही करूँ मैं बोलो यार

तक़्तीअ–

मुफ़तइलुन । मफ़ऊलुन । फ़ाअ

प्यार ही दिल । का मेरे । सार

क्या ही करूँ । मैं बोलो । यार

6. बह्र-ए-सरीअ मुसद्दस मतवी मुसक्किन मक़्तूअ मज्दूअ

अर्कान–

मफ़ऊलुन, मफ़ऊलुन, फ़ाअ

मफ़ऊलुन, मफ़ऊलुन, फ़ाअ

वज़्न–

222, 222, 21

222, 222, 21

मिसाल–

तू ही नींदें तू ही ख़्वाब

तू ही सब कुछ मेरी जान

तक़्तीअ–

मफ़ऊलुन । मफ़ऊलुन । फ़ाअ

तू ही नीं । दें तू ही । ख़्वाब

तू ही सब । कुछ मेरी । जान

7. बह्र-ए-सरीअ मुसद्दस मक़्तूअ मन्हूर

अर्कान–

मुफ़तइलुन, मफ़ऊलुन, फ़ा

मुफ़तइलुन, मफ़ऊलुन, फ़ा

वज़्न–

2112, 222, 2

2112, 222, 2

मिसाल–

इश्क़ हुआ था पाया सब

हिज्र में लेकिन सब ज़ाया

तक़्तीअ–

मुफ़तइलुन । मफ़ऊलुन । फ़ा

इश्क़ हुआ । था पाया । सब

हिज्र में ले । किन सब ज़ा । या

बह्र-ए-ख़फ़ीफ़

1. बह्र-ए-ख़फ़ीफ़ मुसद्दस सालिम

अर्कान–

फ़ाइलातुन, मुस्तफ़इलुन, फ़ाइलातुन
फ़ाइलातुन, मुस्तफ़इलुन, फ़ाइलातुन

वज़्न–

2122, 2212, 2122
2122, 2212, 2122

नोट– इस बह्र का आहंग उर्दू ज़बान के लिहाज़ से दुरुस्त नहीं है बल्कि इसकी ज़िहाफ़ से बनी बहरें काफ़ी हद तक बेहतर हैं लिहाज़ा हम इसकी मुज़ाहिफ़ बहरों की जानिब बढ़ते हैं।

2. बह्र-ए-ख़फ़ीफ़ मुसद्दस मख़्बून महज़ूफ़

अर्कान–

फ़ाइलातुन, मुफ़ाइलुन, फ़इलुन
फ़ाइलातुन, मुफ़ाइलुन, फ़इलुन

वज़्न–

2122, 1212, 112
2122, 1212, 112

मिसाल–

याद आता इसी लिए नहीं है
वो नहीं है मगर यहीं कहीं है

तक़्तीअ–

फ़ाइलातुन । मुफ़ाइलुन । फ़इलुन

याद आता । इसी लिए । नहीं है

वो नहीं है । मगर यहीं । कहीं है

नोट– इस बह्र के पहले रुक्न (सद्र या इब्तिदा) फ़ाइलातुन (2122) को हम फ़इलातुन (1122) से बदल सकते हैं।

3. बह्र-ए-ख़फ़ीफ़ मुसद्दस मजनून महज़ूफ़ मुसक्किन या बह्र-ए-ख़फ़ीफ़ मुसद्दस मजनून अब्तर

अर्कान–

फ़ाइलातुन, मुफ़ाइलुन, फ़ेलुन

फ़ाइलातुन, मुफ़ाइलुन, फ़ेलुन

वज़्न–

2122, 1212, 22

2122, 1212, 22

मिसाल–

ये सरासर नहीं किया करता

काम डर कर नहीं किया करता

तक़्तीअ–

फ़ाइलातुन । मुफ़ाइलुन । फ़ेलुन

ये सरासर । नहीं किया । करता

काम डर कर । नहीं किया । करता

नोट– इस बह्र के पहले रुक्न (सद्र या इब्तिदा) फ़ाइलातुन (2122) को हम फ़इलातुन (1122) से बदल सकते हैं और आख़िरी रुक्न (ज़र्ब या अरूज़) फ़ेलुन (112) को फ़इलुन (112), फ़ालान (221) या फ़इलान (1121) से बदल सकते हैं।

इस बह्र में ग़ालिब का एक मशहूर शे'र देखें जहाँ उन्होंने पहले मिसरे के पहले रुक्न फ़ाइलातुन (2122) को फ़इलातुन (1122) से बदला है–

दिल-ए-नादाँ तुझे हुआ क्या है
आख़िर इस दर्द की दवा क्या है

दिल-ए-नादाँ को हम दिले-नादाँ लिख कर तक़्तीअ करेंगे। (यहाँ इज़ाफ़त का इस्ते'माल हुआ है जिसकी तफ़्सील आगे आपको समझाई जाएगी।)

तक़्तीअ–

फ़इलातुन । मुफ़ाइलुन । फ़ेलुन
दि ले ना दाँ (1122)। तुझे हुआ (1212) । क्या है (22)

नोट– ये छूट हम इस बह्र में कही गई ग़ज़ल के किसी भी शे'र के किसी भी मिसरे में ले सकते हैं फिर पूरी ग़ज़ल में ऐसा करना कोई ज़रूरी नहीं है।

4. बह्र-ए-ख़फ़ीफ़ मुसद्दस मख़्बून मुसक्किन मक़्सूर

अर्कान–

फ़ाइलातुन, मुफ़ाइलुन, फ़ालान
फ़ाइलातुन, मुफ़ाइलुन, फ़ालान

वज़्न–

2122, 1212, 221
2122, 1212, 221

मिसाल–

चाँदनी रात और पूरा चाँद
आपकी बात और पूरा चाँद

तक़्तीअ–

फ़ाइलातुन । मुफ़ाइलुन । फ़ालान
चाँदनी रा । त और पू । रा चाँद
आपकी बा । त और पू । रा चाँद

नोट– इस बह्र के पहले रुक्न (सद्र या इब्तिदा) फ़ाइलातुन (2122) को हम फ़इलातुन (1122) से बदल सकते हैं।

5. बह्र-ए-ख़फ़ीफ़ मुसद्दस मख़्बून मक़्सूर

अर्कान–

फ़ाइलातुन, मुफ़ाइलुन, फ़इलान

फ़ाइलातुन, मुफ़ाइलुन, फ़इलान

वज़्न–

2122, 1212, 1121

2122, 1212, 1121

मिसाल–

याद की इंतहा कोई नहीं आज

आप ही दिख रही हैं हर कहीं आज

तक़्तीअ–

फ़ाइलातुन । मुफ़ाइलुन। फ़इलान

याद की इन् । तहा कोई । नहीं आज

आप ही दिख । रही हैं हर । कहीं आज

नोट– इस बह्र के भी पहले रुक्न (सद्र या इब्तिदा) फ़ाइलातुन (2122) को हम फ़इलातुन (1122) से बदल सकते हैं।

कुल मिला कर ये सभी बहरें आपस में लगभग एक जैसी ही हैं। इन्हें इनके ख़ास नाम से तभी पुकारा जाएगा जब ग़ज़ल का हर एक शे'र हू-ब-हू किसी एक अर्कान में हो।

बह्र-ए-जदीद

1. बह्र-ए-जदीद मुसद्दस सालिम

अर्कान–

फ़ाइलातुन, फ़ाइलातुन, मुस्तफ़इलुन
फ़ाइलातुन, फ़ाइलातुन, मुस्तफ़इलुन

वज़्न–

2122, 2122, 2212
2122, 2122, 2212

मिसाल–

उसने धोका दे दिया तो क्या हो गया
ये ज़माने का पुराना दस्तूर है

तक़्तीअ–

फ़ाइलातुन । फ़ाइलातुन । मुस्तफ़इलुन
उसने धोका । दे दिया तो । क्या हो गया
ये ज़माने । का पुराना । दस्तूर है

2. बह्र-ए-जदीद मुसद्दस मख़्बून

अर्कान–

फ़इलातुन, फ़इलातुन, मुफ़ाइलुन
फ़इलातुन, फ़इलातुन, मुफ़ाइलुन

वज़्न–

1122, 1122, 1212
1122, 1122, 1212

मिसाल–

तेरी आँखों में मुझे ये दिखा अभी
तेरे दिल में मुझे ले कर ग़ुबार है

तक़्तीअ–

फ़इलातुन । फ़इलातुन । मुफ़ाइलुन
तेरी आँखों । में मुझे ये । दिखा अभी
तेरे दिल में । मुझे ले कर । ग़ुबार है

3. बह्‌र-ए-जदीद मुरब्बा मक्फ़ूफ़

अर्कान–

फ़ाइलातु, मुस्तफ़इलुन
फ़ाइलातु, मुस्तफ़इलुन

वज़्न–

2121, 2212
2121, 2212

मिसाल–

आप क्यूँ परेशान हैं
आप तो मेरी जान हैं

तक़्तीअ–

फ़ाइलातु । मुस्तफ़इलुन
आप क्यूँ प । रेशान हैं
आप तो मे । री जान हैं

बह्‌र-ए-क़रीब

1. बह्‌र-ए-क़रीब मुसद्दस मक्फ़ूफ़

अर्कान–

मुफ़ाईलु, मुफ़ाईलु, फ़ाइलातुन

मुफ़ाईलु, मुफ़ाईलु, फ़ाइलातुन

वज़्न–

1221, 1221, 2122

1221, 1221, 2122

मिसाल–

मुझे आज तेरी याद आ रही है

मेरी आँख भी आँसू बहा रही है

तक़्तीअ–

मुफ़ाईलु । मुफ़ाईलु । फ़ाइलातुन

मुझे आज । तेरी याद । आ रही है

मेरी आँख । भी आँसू ब । हा रही है

2. बह्‌र-ए-क़रीब मुसद्दस मक्फ़ूफ़ महज़ूफ़ या मक़्सूर

अर्कान–

मुफ़ाईलु, मुफ़ाईलु, फ़ाइलुन

मुफ़ाईलु, मुफ़ाईलु, फ़ाइलुन

वज़्न–

1221, 1221, 212

1221, 1221, 212

मिसाल–

तू क्या सोच रही है बता ज़रा
जबीं पर तेरी इतनी शिकन हैं क्यूँ

तक़्तीअ–

मुफ़ाईलु । मुफ़ाईलु । फ़ाइलुन
तू क्या सोच । रही है ब । ता ज़रा
जबीं पर ते । री इतनी शि । कन हैं क्यूँ

3. बह्र-ए-क़रीब मुसद्दस अख़रब मक्फ़ूफ़ मक्सूर

अर्कान–

मफ़ऊल, मुफ़ाईलु, फ़ाइलान
मफ़ऊल, मुफ़ाईलु, फ़ाइलान

वज़्न–

221, 1221, 2121
221, 1221, 2121

मिसाल–

जाने तू कहाँ है अय मेरे यार
बिन तेरे न दिन ही कटे न रात
–जी. आर. वशिष्ठ

तक़्तीअ–

मफ़ऊल । मुफ़ाईलु । फ़ाइलान
जाने तू । कहाँ है अय । मेरे यार
बिन तेरे । न दिन ही क । टे न रात

4. बह्र-ए-क़रीब मुसद्दस अख़रब मक्फ़ूफ़ महज़ूफ़

अर्कान–

मफ़ऊल, मुफ़ाईलु, फ़ाइलुन
मफ़ऊल, मुफ़ाईलु, फ़ाइलुन

वज़्न–

221, 1221, 212

221, 1221, 212

मिसाल–

जाने तू कहाँ जाने मैं कहाँ
आ पास मेरे आज मेरी जाँ

तक़्तीअ–

मफ़ऊल । मुफ़ाईलु । फ़ाइलुन
जाने तू । कहाँ जाने । मैं कहाँ
आ पास । मेरे आज । मेरी जाँ

5. बह्‌र-ए-क़रीब मुसद्दस अख़रब अहज़ाम अख़रब

अर्कान–

मफ़ऊलुन, मफ़ऊलु, फ़ाइलातुन

मफ़ऊलुन, मफ़ऊलु, फ़ाइलातुन

वज़्न–

222, 221, 2122

222, 221, 2122

मिसाल–

क्या कोई मेहमान आ रहा है
जो घर को इतना सजा रहे हो

–जी. आर. वशिष्ठ

तक़्तीअ–

मफ़ऊलुन । मफ़ऊलु । फ़ाइलातुन
क्या कोई । मेहमान । आ रहा है
जो घर को । इतना स । जा रहे हो

बह्र-ए-मुशाकिल

1. बह्र-ए-मुशाकिल मुसद्दस सालिम

अर्कान–

फ़ाइलातु, मुफ़ाईलुन, मुफ़ाईलुन
फ़ाइलातु, मुफ़ाईलुन, मुफ़ाईलुन

वज़्न–

2121, 1222, 1222
2121, 1222, 1222

नोट– इस बह्र का आहंग उर्दू ज़बान के लिहाज़ से दुरुस्त नहीं है बल्कि इसकी ज़िहाफ़ से बनी बहरें काफ़ी हद तक बेहतर हैं लिहाज़ा हम इसकी मुज़ाहिफ़ बहरों की जानिब बढ़ते हैं।

2. बह्र-ए-मुशाकिल मुसद्दस मक्फ़ूफ़ मक्सूर

अर्कान–

फ़ाइलातु, मुफ़ाईलु, मुफ़ाईल
फ़ाइलातु, मुफ़ाईलु, मुफ़ाईल

वज़्न–

2121, 1221, 1221
2121, 1221, 1221

मिसाल–

इतने दिन मुझे हिचकी भी नहीं आई
या'नी तुमको नहीं आती मेरी याद
–जी. आर. वशिष्ठ

तक़्तीअ–

फ़ाइलातु । मुफ़ाईलु । मुफ़ाईल
इतने दिन मु । झे हिचकी भी । नहीं आई
या'नी तुमको । नहीं आती । मेरी याद

3. बह्‌र-ए-मुशाकिल मुसम्मन मक्फ़ूफ़ मक्सूर

अर्कान–

फ़ाइलातु, मुफ़ाईलु, फ़ाइलातु, मुफ़ाईलु
फ़ाइलातु, मुफ़ाईलु, फ़ाइलातु, मुफ़ाईलु

वज़्न–

2121, 1221, 2121, 1221
2121, 1221, 2121, 1221

मिसाल–

क्यूँ यक़ीन करूँ इस ज़माने का कि ये सब लोग
होते और हैं ख़ुद को मगर दिखाते हैं कुछ और
–जी. आर. वशिष्ठ

तक़्तीअ–

फ़ाइलातु । मुफ़ाईलु । फ़ाइलातु । मुफ़ाईलु
क्यूँ यक़ीन । करूँ इस ज़ । माने का कि । ये सब लोग
होते और । हैं ख़ुद को म । गर दिखाते । हैं कुछ और

कुछ और लेकिन कम राइज (प्रचलित) बहरें

1. बह्र-ए-अरीज़

अर्कान–

मुफ़ाईलुन, फ़ऊलुन, मुफ़ाईलुन, फ़ऊलुन
मुफ़ाईलुन, फ़ऊलुन, मुफ़ाईलुन, फ़ऊलुन

वज़्न–

1222, 122, 1222, 122
1222, 122, 1222, 122

मिसाल–

तुझे तेरी ज़रूरत नहीं है पर मुझे है
लिहाज़ा मैं दुआ में तुझे ही माँगता हूँ

तक़्तीअ–

मुफ़ाईलुन । फ़ऊलुन । मुफ़ाईलुन । फ़ऊलुन
तुझे मेरी । ज़रूरत । नहीं है पर । मुझे है
लिहाज़ा मैं । दुआ में । तुझे ही माँ । गता हूँ

2. बह्र-ए-अमीक़

अर्कान–

फ़ाइलुन, फ़ाइलातुन, फ़ाइलुन, फ़ाइलातुन
फ़ाइलुन, फ़ाइलातुन, फ़ाइलुन, फ़ाइलातुन

वज़्न–

212, 2122, 212, 2122
212, 2122, 212, 2122

मिसाल–

एक मुद्दत से मैं हूँ यार बेहद परेशाँ
और मुश्किल ये है तू पास मेरे नहीं है

तक़्तीअ–

फ़ाइलुन । फ़ाइलातुन । फ़ाइलुन । फ़ाइलातुन
एक मुद् । दत से मैं हूँ । यार बे । हद परेशाँ
और मुश् । किल ये है तू । पास मे । रे नहीं है

बह्र-ए-मीर

वैसे तो बह्र-ए-मीर को बह्र-ए-मुतक़ारिब मुज़ाइफ़ मुज़ाहिफ़ भी कहा जाता है लेकिन मेरे मुतालए के मुताबिक़ ये हिंदी छंद की बुनियाद पर बनी हुई बह्र है जिस पर सबसे पहले शायद मीर तक़ी मीर ने शे'र और ग़ज़लें कहीं। ये बह्र कुल फ़ेलुन (22) वज़्न पर चलती है। इस बह्र में ध्यान देने की बात ये होती है कि या तो बरते गए तमाम लफ़्ज़ फ़ेलुन वज़्न पर हों या अगर शे'र में कोई पहला लफ़्ज़ फ़ाए या फ़ालु (21) के वज़्न पर ख़त्म होता है तो उसके ठीक आगे का लफ़्ज़ फ़ऊलुन (122) या फ़अल (12) वज़्न पर होना चाहिए। अगर पहला लफ़्ज़ मफ़ऊल (221) के वज़्न पर ख़त्म होता है तो अगला लफ़्ज़ फ़ऊलुन (122) या फ़अल (12) के वज़्न का होना चाहिए।

जैसे–

फ़ेलुन-फ़ाए-फ़अल-फ़ेलुन-फ़ाए-फ़ऊलुन-फ़ेलुन-फ़ालु-फ़ऊलुन

लेकिन आजकल इस रिवायत से अलग शाइर फ़अल (12) या फ़ालु (21) के बा'द फिर फ़अल (12) या फ़ालु (21) वज़्न के लफ़्ज़ बरत देते हैं। इस बह्र में क़ायदे-क़ानून की ऐसी कोई सख़्ती नहीं है बशर्ते शे'र कहते वक़्त हमें उसकी रवानी का बहरहाल ख़याल रखना है। मिसाल के तौर पर एक शे'र देखें–

इश्क़ महज़ हो जाता है दो लोगों में
बीच में लेकिन पूरी दुनिया होती है

इस शे'र में इश्क़ और महज़ दोनों ही लफ़्ज़ों का वज़्न–(21) है लेकिन आप इसे पढ़ कर या गुनगुना कर देखेंगे तो आपको कहीं भी रवानी टूटती हुई महसूस नहीं होगी लिहाज़ा मेरे नज़दीक ये किसी ऐब के दायरे में नहीं आता। बह्र की शर्त फ़क़त इतनी है कि मिसरे की रवानी और आहंग न टूटे।

नासिर का भी एक शे'र देखें–

तू जीवन की भरी गली
मैं जंगल का रस्ता हूँ

यहाँ भरी और गली दोनों ही लफ़्ज़ मुसलसल (12-12) के वज़्न पर हैं लेकिन यहाँ भी शे'र की रवानी किसी तौर नहीं टूट रही।

आइए बह्र-ए-मीर पर ख़ुद मीर ही की कही ग़ज़लों से इस बह्र के आहंग को समझने की कोशिश करते हैं जिसे आप बारहा पढ़ कर या गुनगुना कर समझ सकते हैं–

पत्ता पत्ता बूटा बूटा हाल हमारा जाने है
जाने न जाने गुल ही न जाने बाग़ तो सारा जाने है
लगने न दे बस हो तो उस के गौहर-ए-गोश को बाले तक
उस को फ़लक चश्म-मह-ओ-ख़ुर की पुतली का तारा जाने है
आगे उस मुतकब्बिर के हम ख़ुदा ख़ुदा किया करते हैं
कब मौजूद ख़ुदा को वो मग़रूर-ए-ख़ुद-आरा जाने है
आशिक़ सा तो सादा कोई और न होगा दुनिया में
जी के ज़ियाँ को इश्क़ में उस के अपना वारा जाने है
चारागरी बीमारी-ए-दिल की रस्म-ए-शहर-ए-हुस्न नहीं
वर्ना दिलबर-ए-नादाँ भी इस दर्द का चारा जाने है
क्या ही शिकार-फ़रेबी पर मग़रूर है वो सय्याद बचा
ताइर उड़ते हवा में सारे अपने असारा जाने है
मेहर-ओ-वफ़ा-ओ-लुत्फ़-ओ-इनायत एक से वाक़िफ़ इन में नहीं
और तो सब कुछ तंज़ ओ किनाया रम्ज़-ओ-इशारा जाने है
क्या क्या फ़ित्ने सर पर उस के लाता है माशूक़ अपना
जिस बे-दिल बे-ताब-ओ-तवाँ को इश्क़ का मारा जाने है
रख़नों से दीवार-ए-चमन के मुँह को ले है छुपा या'नी
इन सूराख़ों के टुक रहने को सौ का नज़ारा जाने है
तिश्ना-ए-ख़ूँ है अपना कितना मीर भी नादाँ तल्ख़ी-कश
दुम-दार आब-ए-तेग़ को उस के आब-ए-गवारा जाने है

पत्ता (फ़ेलुन-22) पत्ता (फ़ेलुन-22) बूटा (फ़ेलुन-22) बूटा (फ़ेलुन-22)

हाल (फ़ालु या फ़ाए-21) हमारा (फ़ऊलुन-122) जाने है (मफ़ऊलुन-222 या फ़ेलुन-फ़ा 22-2)

जाने (फ़ालु या फ़ाए-21) न जाने (फ़ऊलुन-122) गुल ही (फ़ालु या फ़ाए-21) न जाने (फ़ऊलुन-122) बाग़ (फ़ालु या फ़ाए-21) तो सारा (फ़ऊलुन-122) जाने है (मफ़ऊलुन-222 या फ़ेलुन-फ़ा-22-2)

बाक़ी अशआर की तक़्तीअ आप ख़ुद कर के देखें।

चूँकि नासिर काज़मी भी मीर से बे-हद मुतास्सिर थे लिहाज़ा उन्होंने ने भी बह्र-ए-मीर पर काफ़ी ग़ज़लें कही हैं। आइए नासिर की भी कुछ ग़ज़लें देखते हैं–

आज तुझे क्यूँ चुप सी लगी है
कुछ तो बता क्या बात हुई है
आज तो जैसे सारी दुनिया
हम दोनों को देख रही है
तू है और बे-ख़्वाब दरीचे
मैं हूँ और सुनसान कली है
ख़ैर तुझे तो जाना ही था
जान भी तेरे साथ चली है
अब तो आँख लगा ले नासिर
देख तो कितनी रात गई है

अपनी धुन में रहता हूँ
मैं भी तेरे जैसा हूँ
ओ पिछली रुत के साथी
अब के बरस मैं तन्हा हूँ
तेरी गली में सारा दिन
दुख के कंकर चुनता हूँ
मुझ से आँख मिलाए कौन
मैं तेरा आईना हूँ
मेरा दिया जलाए कौन
मैं तेरा ख़ाली कमरा हूँ

तेरे सिवा मुझे पहने कौन
मैं तेरे तन का कपड़ा हूँ
तू जीवन की भरी गली
मैं जंगल का रस्ता हूँ
आती रुत मुझे रोएगी
जाती रुत का झोंका हूँ
अपनी लहर है अपना रोग
दरिया हूँ और प्यासा हूँ

देख मुहब्बत का दस्तूर
तू मुझ से मैं तुझ से दूर
तन्हा तन्हा फिरते हैं
दिल वीराँ आँखें बे-नूर
दोस्त बिछड़ते जाते हैं
शौक़ लिए जाता है दूर
दिल की धड़कन कहती है
आज कोई आएगा ज़रूर
कोशिश लाज़िम है प्यारे
आगे जो उस को मंज़ूर
सूरज डूब चला नासिर
और अभी मंज़िल है दूर

ऊपर दी गईं तमाम मिसालों से आप इस बह्र के आहंग को आप समझने की कोशिश करिए।

नोट– इस बह्र में शे'र कहने से पहले बस दो ही बातों का ख़याल रखना है–

1. कुल रुक्न (तमाम वज़्न) हर मिसरे में एक ही हों, बराबर हों।

2. अगर मिसरे में पहला लफ़्ज़ 1 के वज़्न पर ख़त्म हो रहा हो या उसका वज़्न गिराया गया हो, तो अगला लफ़्ज़ भी ऐसा हो, जिसका वज़्न 1 से शुरूअ

होता हो, अगर मिसरे में पहला लफ़्ज़ ऐसा है, जिसका वज़्न 12 हो, तो अगला लफ़्ज़ भी 12 के वज़्न पर (या 12 के वज़्न से शुरूअ होने वाला) होना चाहिए और अगर मिसरे में कोई लफ़्ज़ ऐसा है, जिसका वज़्न 21 है तो अगला लफ़्ज़ भी 21 के वज़्न पर होना चाहिए, जिससे शे'र की रवानी नहीं टूटेगी और न ही उसका आहंग बिगड़ेगा।

नोट– तमाम बहरों (सिवाय बह्र-ए-मीर के) को समझाने के लिहाज़ से मिसाल के तौर पर जो भी शे'र कहे गए हैं। वे अच्छे शे'र की मिसाल नहीं हो सकते वे महज़ मिसाल ही के लिए कहे गए शे'र हैं। उनको कहते वक़्त शे'रियत बरतने का बिल्कुल भी ख़याल नहीं रखा गया है और मेरे लिए ये मुमकिन भी नहीं था। जिन भी शे'र के नीचे कोई नाम नहीं है वो मेरे कहे गए शे'र हैं।

कुछ राइज और आहंग से भरपूर बहरें

1. बह्र -ए-हज़ज मुसम्मन सालिम

अर्कान–

मुफ़ाईलुन, मुफ़ाईलुन, मुफ़ाईलुन, मुफ़ाईलुन
मुफ़ाईलुन, मुफ़ाईलुन, मुफ़ाईलुन, मुफ़ाईलुन

वज़्न–

1222, 1222, 1222, 1222
1222, 1222, 1222, 1222

मिसाल–

मुहब्बत में नहीं है फ़र्क़ जीने और मरने का
उसी को देख कर जीते हैं जिस काफ़िर पे दम निकले
–ग़ालिब

2. बह्र-ए-हज़ज मुसद्दस सालिम

अर्कान–

मुफ़ाईलुन, मुफ़ाईलुन, मुफ़ाईलुन
मुफ़ाईलुन, मुफ़ाईलुन, मुफ़ाईलुन

वज़्न–

1222, 1222, 1222
1222, 1222, 1222

मिसाल–

ज़मीं के सीने का जब बोझ देखोगे
लगेगा अगले पल मर जाएगी दब कर

3. बह्र-ए-हज़ज मुसम्मन मकबूज़

अर्कान–

मुफ़ाइलुन, मुफ़ाइलुन, मुफ़ाइलुन, मुफ़ाइलुन
मुफ़ाइलुन, मुफ़ाइलुन, मुफ़ाइलुन, मुफ़ाइलुन

वज़्न–

1212, 1212, 1212, 1212
1212, 1212, 1212, 1212

मिसाल–

ये क्या जगह है दोस्तो ये कौन सा दयार है
हद-ए-निगाह तक जहाँ ग़ुबार ही ग़ुबार है
–शहरयार

4. बह्र-ए-हज़ज मुसम्मन अख़रब

अर्कान–

मफ़ऊल, मुफ़ाईलुन, मफ़ऊल, मुफ़ाईलुन
मफ़ऊल, मुफ़ाईलुन, मफ़ऊल, मुफ़ाईलुन

वज़्न–

221, 1222, 221, 1222
221, 1222, 221, 1222

मिसाल–

इन आँखों की मस्ती के मस्ताने हज़ारों हैं
इन आँखों से वाबस्ता अफ़्साने हज़ारों हैं
–शहरयार

5. बह्र-ए-हज़ज मुसम्मन अख़रब मक्फ़ूफ़ मक्सूर

अर्कान–

मफ़ऊलु, मुफ़ाईलु, मुफ़ाईलु, मुफ़ाईलु
मफ़ऊलु, मुफ़ाईलु, मुफ़ाईलु, मुफ़ाईलु

वज़्न–

221, 1221, 1221, 1221
221, 1221, 1221, 1221

मिसाल–

कहते हैं नहीं मरना नहीं जीना हमें और
दुनिया की तरह हम भी बुरे हो चुके हैं दोस्त

6. बह्र-ए-हज़ज मुसम्मन अख़रब मक्फ़ूफ़ महज़ूफ़

अर्कान–

मफ़ऊलु, मुफ़ाईलु, मुफ़ाईलु, फ़ऊलुन
मफ़ऊलु, मुफ़ाईलु, मुफ़ाईलु, फ़ऊलुन

वज़्न–

221, 1221, 1221, 122
221, 1221, 1221, 122

मिसाल–

दिल में है चुभन मेरे मेरी आँख में आँसू
माथे पे लकीरें हैं तेरी फ़िक्र की जानाँ

फ़िल्म से–

तू हिंदू बनेगा न मुसलमान बनेगा
इंसान की औलाद है इंसान बनेगा
–साहिर लुधियानवी

7. बह्र-ए-हज़ज मुसद्दस महज़ूफ़-उल-आख़िर

अर्कान–

मुफ़ाईलुन, मुफ़ाईलुन, फ़ऊलुन
मुफ़ाईलुन, मुफ़ाईलुन, फ़ऊलुन

वज़्न–

1222, 1222, 122
1222, 1222, 122

मिसाल–

ये सब मंज़िल की बातें करने वाले
मेरे नक़्श-ए-क़दम पर चल रहे हैं

8. बह्र-ए-हज़ज मुसम्मन अश्तर

अर्कान–

फ़ाइलुन, मुफ़ाईलुन, फ़ाइलुन, मुफ़ाईलुन
फ़ाइलुन, मुफ़ाईलुन, फ़ाइलुन, मुफ़ाईलुन

वज़्न–

212, 1222, 212, 1222
212, 1222, 212, 1222

मिसाल–

फ़िल्म से-

आइने के सौ टुकड़े कर के हमने देखे हैं
एक में भी तन्हा थे सौ में भी अकेले हैं
–हसरत जयपुरी

9. बह्र-ए-हज़ज मुरब्बा सालिम

अर्कान–

मुफ़ाईलुन, मुफ़ाईलुन
मुफ़ाईलुन, मुफ़ाईलुन

वज़्न–

1222, 1222
1222, 1222

मिसाल–

तेरा मुझसे बिछड़ना भी
मेरे नज़दीक होना है

10. बह्र-ए-रमल मुसम्मन सालिम

अर्कान–

फ़ाइलातुन, फ़ाइलातुन, फ़ाइलातुन, फ़ाइलातुन
फ़ाइलातुन, फ़ाइलातुन, फ़ाइलातुन, फ़ाइलातुन

वज़्न–

2122, 2122, 2122, 2122
2122, 2122, 2122, 2122

मिसाल–

जा रहा है जा चला जा हाँ मगर इतना तो कर जा
जाते-जाते साथ मेरे कोई इक धोका तो कर जा

11. बह्र-ए-रमल मुसम्मन महज़ूफ़

अर्कान–

फ़ाइलातुन, फ़ाइलातुन, फ़ाइलातुन, फ़ाइलुन
फ़ाइलातुन, फ़ाइलातुन, फ़ाइलातुन, फ़ाइलुन

वज़्न–

2122, 2122, 2122, 212
2122, 2122, 2122, 212

मिसाल–

चुपके-चुपके रात दिन आँसू बहाना याद है
हमको अब तक आशिक़ी का वो ज़माना याद है
–हसरत मोहानी

12. बह्र-ए-रमल मुसम्मन मख़्बून महज़ूफ़ मुसक्कन

अर्कान–

फ़ाइलातुन, फ़इलातुन, फ़इलातुन, फ़ेलुन
फ़ाइलातुन, फ़इलातुन, फ़इलातुन, फ़ेलुन

वज़्न–

2122, 1122, 1122, 22
2122, 1122, 1122, 22

मिसाल–

कोई फ़रियाद तेरे दिल में दबी हो जैसे
तू ने आँखों से कोई बात कही हो जैसे
–फ़ैज़ अनवर

13. बह्र-ए-रमल मुसद्दस महज़ूफ़

अर्कान–

फ़ाइलातुन, फ़ाइलातुन, फ़ाइलुन
फ़ाइलातुन, फ़ाइलातुन, फ़ाइलुन

वज़्न–

2122, 2122, 212
2122, 2122, 212

मिसाल–

दोस्त दुश्मन क्यूँ बने क्या जानिए
हमने तो हरदम ही केवल सच कहा

फ़िल्म से–

दिल के अरमाँ आँसुओं में बह गए
हम वफ़ा कर के भी तन्हा रह गए
–हसन कमाल

14. बह्र-ए-रमल मुसद्दस मख़्बून मुसक्कन

अर्कान–

फ़ाइलातुन, फ़इलातुन, फ़ेलुन
फ़ाइलातुन, फ़इलातुन, फ़ेलुन

वज़्न–

2122, 1122, 22
2122, 1122, 22

मिसाल–

ज़िंदगी पास नहीं आती है
हाए बस दूर हुई जाती है

15. बह्र-ए-कामिल मुसम्मन सालिम

अर्कान–

मुतफ़ाइलुन, मुतफ़ाइलुन, मुतफ़ाइलुन, मुतफ़ाइलुन
मुतफ़ाइलुन, मुतफ़ाइलुन, मुतफ़ाइलुन, मुतफ़ाइलुन

वज़्न–

11212, 11212, 11212, 11212
11212, 11212, 11212, 11212

मिसाल–

मैं ख़याल हूँ किसी और का मुझे सोचता कोई और है
सर-ए-आईना मेरा अक्स है पस-ए-आईना कोई और है
–सलीम कौसर

16. बह्र-ए-रजज़ मुसम्मन सालिम

अर्कान–

मुसतफ़इलुन, मुसतफ़इलुन, मुसतफ़इलुन, मुसतफ़इलुन
मुसतफ़इलुन, मुसतफ़इलुन, मुसतफ़इलुन, मुसतफ़इलुन

वज़्न–

2212, 2212, 2212, 2212
2212, 2212, 2212, 2212

मिसाल–

नींदें नहीं सपने नहीं बस आँख में आँसू ही हैं
होगा यूँ दुःख तेरे बिना हमने कभी सोचा नहीं

17. बह्र-ए-रजज़ मुसद्दस सालिम

अर्कान–

मुसतफ़इलुन, मुसतफ़इलुन, मुसतफ़इलुन
मुसतफ़इलुन, मुसतफ़इलुन, मुसतफ़इलुन

वज़्न–

2212, 2212, 2212
2212, 2212, 2212

मिसाल–
होता हूँ कुछ रहता हूँ कुछ दिखता हूँ कुछ
तब इश्क़ था अब हिज्र है इक हाल है

18. बह्र-ए-मुतदारिक मुसम्मन सालिम

अर्कान–

फ़ाइलुन, फ़ाइलुन, फ़ाइलुन, फ़ाइलुन
फ़ाइलुन, फ़ाइलुन, फ़ाइलुन, फ़ाइलुन

वज़्न–

212 212 212 212
212 212 212 212

मिसाल–

रात ख़ामोश है चाँद मदहोश है
थाम लेना मुझे जा रहा होश है
–नामालूम
गायक– जगजीत सिंह

19. बह्र-ए-मुतदारिक मुसद्दस सालिम

अर्कान–

फ़ाइलुन, फ़ाइलुन, फ़ाइलुन
फ़ाइलुन, फ़ाइलुन, फ़ाइलुन

वज़्न–

212 212 212
212 212 212

मिसाल–

तुम ये कैसे जुदा हो गए
हर तरफ़ हर जगह हो गए
–निदा फ़ाज़ली
गायक– जगजीत सिंह

20. बह्र-ए-मुतदारिक मुसम्मन मख़्बून मुसक्कन

अर्कान–

फ़ालुन, फ़ालुन, फ़ालुन, फ़ालुन
फ़ालुन, फ़ालुन, फ़ालुन, फ़ालुन

या

फ़ेलुन, फ़ेलुन, फ़ेलुन, फ़ेलुन
फ़ेलुन, फ़ेलुन, फ़ेलुन, फ़ेलुन

वज़्न–

22, 22, 22, 22
22, 22, 22, 22

मिसाल–

चाहो तो जी भर के रो लो
चुप रहने से दिल बैठेगा

इस बह्र का आहंग बह्र-ए-मीर जैसा ही है बस कि इसमें सिर्फ़ फ़ेलुन या फ़ालान रुक्न ही हो सकते हैं जिनकी ता'दाद मिसरे में 4 और शे'र में 8 ही रहेगी।

21. बह्र-ए-मुतक़ारिब मुसम्मन सालिम

अर्कान–

फ़ऊलुन, फ़ऊलुन, फ़ऊलुन, फ़ऊलुन
फ़ऊलुन, फ़ऊलुन, फ़ऊलुन, फ़ऊलुन

वज़्न–

122, 122, 122, 122
122, 122, 122, 122

मिसाल–

तेरी बेरुख़ी और तेरी मेहरबानी
यही मौत है और यही ज़िंदगानी

–नामालूम

गायक– जगजीत सिंह

22. बह्र-ए-मुतक़ारिब मुसम्मन महज़ूफ़

अर्कान–

फ़ऊलुन, फ़ऊलुन, फ़ऊलुन, फ़अल
फ़ऊलुन, फ़ऊलुन, फ़ऊलुन, फ़अल

वज़्न–

122, 122, 122, 12
122, 122, 122, 12

मिसाल–

ज़मीं सख़्त है आसमाँ दूर है
बसर हो सके तो बसर कीजिए
–साहिर लुधियानवी

23. बह्र-ए-मुतक़ारिब मुज़ाइफ़ मक़्बूज़ अस्लम

अर्कान–

फ़ऊलु, फ़ेलुन, फ़ऊलु, फ़ेलुन, फ़ऊलु, फ़ेलुन, फ़ऊलु, फ़ेलुन
फ़ऊलु, फ़ेलुन, फ़ऊलु, फ़ेलुन, फ़ऊलु, फ़ेलुन, फ़ऊलु, फ़ेलुन

वज़्न–

121, 22, 121, 22, 121, 22, 121, 22
121, 22, 121, 22, 121, 22, 121, 22

मिसाल–

हमारे हिस्से में जब से आया हुई है वहशत बेचारे ग़म को
न जाने हमसे है इश्क़ कितना न जाने कितने हैं प्यारे ग़म को

24. बह्र-ए-मुतक़ारिब मुसम्मन असरम सालिम-उल-आख़िर

अर्कान–

फ़ालु, फ़ऊलुन, फ़ालु, फ़ऊलुन
फ़ालु, फ़ऊलुन, फ़ालु, फ़ऊलुन

वज़्न–

21, 122, 21, 122
21, 122, 21, 122

मिसाल–
आज हमारी आँख लगी है
आज तो शायद ख़्वाब भी आएँ

25. बह्र-ए-तवील मुसम्मन सालिम
अर्कान–
फ़ऊलुन, मुफ़ाईलुन, फ़ऊलुन, मुफ़ाईलुन
फ़ऊलुन, मुफ़ाईलुन, फ़ऊलुन, मुफ़ाईलुन
वज़्न–
122, 1222, 122, 1222
122, 1222, 122, 1222
मिसाल–
हुई है मुहब्बत भी हुई है अदावत भी
सुनी है सदा दिल की मिली है सज़ा इसकी

26. बह्र-ए-मदीद मुसम्मन सालिम
अर्कान–
फ़ाइलातुन, फ़ाइलुन, फ़ाइलातुन, फ़ाइलुन
फ़ाइलातुन, फ़ाइलुन, फ़ाइलातुन, फ़ाइलुन
वज़्न–
2122, 212, 2122, 212
2122, 212, 2122, 212
मिसाल–
देखिए आँखें मेरी पूछिए दिल से मेरे
क्या कहीं भी रंज है क्या कहीं शिकवा कोई

27. बह्र-ए-मुज़ारे मुसम्मन अख़रब
अर्कान–
मफ़ऊल, फ़ाइलातुन, मफ़ऊल, फ़ाइलातुन
मफ़ऊल, फ़ाइलातुन, मफ़ऊल, फ़ाइलातुन

वज़्न–

221, 2122, 221, 2122

221, 2122, 221, 2122

मिसाल–

सारे जहाँ से अच्छा हिन्दोस्ताँ हमारा
हम बुलबुले हैं इसकी ये गुलसिताँ हमारा

–इक़बाल

इक जाम में गिरे हैं कुछ लोग लड़खड़ा के
पीने गए थे चलके लाए गए उठा के

–नज़ीर बनारसी

गायक– जगजीत सिंह

28. बह्र-ए-मुज़ारे मुसम्मन अख़रब मक्फ़ूफ़ महज़ूफ़

अर्कान–

मफ़ऊल, फ़ाइलातु, मुफ़ाईलु, फ़ाइलुन

मफ़ऊल, फ़ाइलातु, मुफ़ाईलु, फ़ाइलुन

वज़्न–

221, 2121, 1221, 212

221, 2121, 1221, 212

मिसाल–

फ़िल्म (आँखें-1968) से–

मिलती है ज़िंदगी में मुहब्बत कभी-कभी
होती है दिलबरों की इनायत कभी-कभी

–साहिर लुधियानवी

29. बह्र-ए-मुज्तस मुसम्मन मख़्बून महज़ूफ़ मुसक्कन

अर्कान–

मुफ़ाइलुन, फ़इलातुन, मुफ़ाइलुन, फ़ेलुन

मुफ़ाइलुन, फ़इलातुन, मुफ़ाइलुन, फ़ेलुन

वज़्न–

1212, 1122, 1212, 22

1212, 1122, 1212, 22

हर एक बात पे कहते हो तुम कि तू क्या है

तुम्हीं कहो कि ये अन्दाज़-ए-गुफ़्तगू क्या है

–ग़ालिब

गायक– जगजीत सिंह

30. बह्र-ए-ख़फ़ीफ़ मुसद्दस मजनून महज़ूफ़ मुसक्किन या बह्र-ए-ख़फ़ीफ़ मुसद्दस मजनून अब्तर

अर्कान–

फ़ाइलातुन, मुफ़ाइलुन, फ़ेलुन

फ़ाइलातुन, मुफ़ाइलुन, फ़ेलुन

वज़्न–

2122, 1212, 22

2122, 1212, 22

मिसाल–

घर से निकले थे हौसला कर के

लौट आए ख़ुदा-ख़ुदा कर के

– राजेश रेड्डी

गायक– जगजीत सिंह

31. बह्र-ए-अरीज़

अर्कान–

मुफ़ाईलुन, फ़ऊलुन, मुफ़ाईलुन, फ़ऊलुन

मुफ़ाईलुन, फ़ऊलुन, मुफ़ाईलुन, फ़ऊलुन

वज़्न–

1222, 122, 1222, 122

1222, 122, 1222, 122

मिसाल–

तुझे तेरी ज़रूरत नहीं है पर मुझे है
लिहाज़ा मैं दुआ में तुझे ही माँगता हूँ

32. बह्र-ए-अमीक़

अर्कान–

फ़ाइलुन, फ़ाइलातुन, फ़ाइलुन, फ़ाइलातुन
फ़ाइलुन, फ़ाइलातुन, फ़ाइलुन, फ़ाइलातुन

वज़्न–

212, 2122, 212, 2122
212, 2122, 212, 2122

मिसाल–

एक मुद्दत से मैं हूँ यार बेहद परेशाँ
और मुश्किल ये है तू पास मेरे नहीं है

ये तमाम आहंग के लिहाज़ से काफ़ी आसान बहरें हैं लिहाज़ा आप को चाहिए कि आप इन बहरों पर अपना मश्क़ जारी करें। बह्र-ए-अरीज़, बह्र-ए-अमीक़ और बह्र-ए-मीर के आहंग अगर आपको समझ आ जाएँ तो ये दोनों बहरें भी ऐसी हैं कि इन पर आसानी से शे'र कहे जा सकते हैं।

***

एक और नया और बे-नाम आहंग (बह्र)

अर्कान–

फ़ाइलातुन, फ़इलातुन, मुफ़ाइलुन, फ़ेलुन

फ़ाइलातुन, फ़इलातुन, मुफ़ाइलुन, फ़ेलुन

वज़्न–

2122, 1122, 1212, 22

2122, 1122, 1212, 22

ये (या इन अर्कान की) बह्र इससे पहले अरूज़ की किसी किताब में पढ़ने को नहीं मिली। न ही किसी असातेज़ा के यहाँ इस बह्र में कहा गया एक भी शे'र ढूँढ़ने की गाढ़ी कोशिशों के बा'द ही बरामद हुआ। इस बह्र के मुतअल्लिक़ जानकार ये भी कहते हैं कि इस बह्र का ज़िक्र अरबी या फ़ारसी अरूज़ में भी कहीं नहीं मिलता।

इस बे-नाम आहंग पर बाज़ लोग शे'र कहते-सुनाते भी मुझे मिले लेकिन उन्हें भी नहीं मा'लूम कि इस आहंग का नाम क्या है। मैंने ख़ुद कुछ बरस पहले इस आहंग पर कुछ शे'र बल्कि चार-छह ग़ज़लें भी कही थीं लेकिन इस डर से कि कल को उन ग़ज़लों को बह्र से ख़ारिज न क़रार कर दिया जाए और मेरी तमाम मेहनत ज़ाए हो जाए, इस पर मैंने फिर और शे'र कहना ठीक नहीं समझा। बाज़ बुज़ुर्गों ने मुझे मश्विरा दिया कि आप इस बह्र को अपना नाम बह्र-ए-फ़ैयाज़ दे दीजिए लेकिन ये जसारत कर सकने लायक़ न मेरी उम्र है और न ही मुझे इल्म।

बहरहाल नाम से क्या फ़र्क़ पड़ता है। इसे किसी भी नाम से पुकारा जाए लेकिन इस आहंग को अरूज़ में जगह ज़रूर दी जाए ऐसी मेरी ज़ाती ख़्वाहिश है।

इस बह्र का आहंग-

बह्र-ए-मुज्तस मुसम्मन मख़्बून महज़ूफ़

मुफ़ाइलुन, फ़इलातुन, मुफ़ाइलुन, फ़ेलुन

मुफ़ाइलुन फ़इलातुन, मुफ़ाइलुन, फ़ेलुन

1212, 1122, 1212, 22

1212, 1122, 1212, 22

और

बह्र-ए-रमल मुसम्मन मख़्बून महज़ूफ़

फ़ाइलातुन, फ़इलातुन, फ़इलातुन, फ़ेलुन

फ़ाइलातुन, फ़इलातुन, फ़इलातुन, फ़ेलुन

2122, 1122, 1122, 22

2122, 1122, 1122, 22

–के काफ़ी आस-पास होने के बावजूद एक मा'मूली फ़र्क़ से जुदा है। यही वज्ह है कि बहुत बार शाइर अनजाने में भी इस बह्र में शे'र या कोई मिसरअ कह जाता है और बा'द में उसे ये सोच कर कि ये कोई बह्र नहीं, ख़ारिज कर देता है।

इन तीनों बहरों के अपने-अपने मुख़्तलिफ़ आहंग हैं। हमें हमेशा शे'र कहते वक़्त इस बात का ख़ासतौर पर ख़याल रखना चाहिए कि हम तमाम ग़ज़ल एहतियात के साथ एक ही बह्र में कहें। एक से ज़ियादा बह्र में ग़ज़ल कहना किसी लिहाज़ से ठीक नहीं बल्कि ये एक बड़े ऐब के दायरे में आता है।

इसके आहंग को समझने के लिए मैं अपनी ही कही ग़ज़ल मिसाल के तौर पर तहरीर कर रहा हूँ–

तू तो क़तरा है समंदर तुझे मिटा देगा
वर्ना सैलाब ही आ कर तुझे मिटा देगा
यूँ ही बाहर से बनाते बनाते वो तुझको
एक दिन तेरे ही अंदर तुझे मिटा देगा
लोग कहते हैं कि जादूगरी भी है उस में
वो तो बस हाथों से छू कर तुझे मिटा देगा
तेरी दीवानगी छलनी करेगी तेरा बदन
तेरा चुप रहना ही यक्सर तुझे मिटा देगा

क़ाफ़िला ग़ैर मुनासिब है दूर रह वर्ना
तेरे पीछे का ये लश्कर तुझे मिटा देगा

तक़्तीअ–

फ़ाइलातुन । फ़इलातुन । मुफ़ाइलुन । फ़ेलुन
तू तो क़तरा । है समंदर । तुझे मिटा । देगा
वर्ना सैला । ब ही आ कर । तुझे मिटा । देगा
यूँ ही बाहर । से बनाते । बनाते वो । तुझको
एक दिन ते । रे ही अंदर । तुझे मिटा । देगा
लोग कहते । हैं कि जादू । गरी भी है । उस में
वो तो बस हा । थों से छू कर । तुझे मिटा । देगा
तेरी दीवा । नगी छलनी । करेगी ते । रा बदन
तेरा चुप रह । ना ही यकसर । तुझे मिटा । देगा
क़ाफ़िला ग़ै । र मुनासिब । है दूर रह । वर्ना
तेरे पीछे । का ये लश्कर । तुझे मिटा । देगा

नोट– इस बह्र के भी पहले रुक्न (सद्र या इब्तिदा) फ़ाइलातुन (2122) को हम फ़इलातुन (1122) और आख़िरी रुक्न (अरूज़ या ज़र्ब) फ़ेलुन (22) को फ़इलुन (112), फ़ालान (221) या फ़इलान (1121) से बदल सकते हैं। जैसा कि मिसाल के तौर पर दी गई ग़ज़ल के चौथे शे'र के ऊला मिसरे में हुआ है- रा बदन जो कि फ़इलुन के वज़्न पर है।

अत्फ़

उर्दू में हम जब दो लफ़्ज़ों के बीच और का इस्ते'माल करते हैं। जैसे- बाल और पर को लिखने के लिए हम उसे बाल-ओ-पर या बालो-पर लिखते हैं, तो इस ओ को हम अत्फ़ कहते है। देवनागरी में हम अत्फ़ का इज़हार ओ से और नस्ता'लीक़ (उर्दू लिपि) में हर्फ़-ए-वाओ (و) की मदद से करते हैं। जैसे-बाल-ओ-पर को हम (بال و پر) लिखेंगे।

अत्फ़ दो या दो से ज़ियादा लफ़्ज़ों को जोड़ने के लिए भी इस्ते'माल कर सकते हैं मसलन हमें लिखना हो-शब और रोज़ और माह और साल तो इसे हम लिखेंगे- शब-ओ-रोज़-ओ-माह-ओ-साल। अत्फ़ का इस्ते'माल इज़ाफ़त के साथ भी किया जा सकता है। जैसे- फ़ित्ना-ओ-शोर-ए-क़यामत।

नोट– दो मुख़्तलिफ़ ज़बान के अल्फ़ाज़ के साथ अत्फ़ का इस्ते'माल नहीं करना चाहिए क्यूँ कि वो सुनने में अच्छा नहीं लगता। अगर हम लिखें कि धरती-ओ-आसमान, रंज-ओ-दुःख तो ये ग़लत है बल्कि इन्हें ज़मीन-ओ-आसमान और रंज-ओ-ग़म लिखा जाना चाहिए।

इज़ाफ़त

दो इस्मों को जोड़ने वाले हुरूफ़ (का, की, के) को हुरूफ़-ए-इज़ाफ़त कहते हैं। जैसे- दिल का दर्द, तिश्नगी की शिद्दत, दिल्ली के दयार वग़ैरा। शाइरी में इज़ाफ़त का इस्ते'माल तरकीब बनाने के लिहाज़ से किया जाता है। जैसे हम दिल का दर्द लिखने के लिए उसे दर्द-ए-दिल (या दर्दे-दिल), तिश्नगी की शिद्दत लिखने के लिए शिद्दत-ए-तिश्नगी (या शिद्दते-तिश्नगी) और दिल्ली के दयार को लिखने के लिए इसे हम दयार-ए-दिल्ली (या दयारे-दिल्ली) लिखते हैं। देवनागरी में हम इज़ाफ़त का इज़हार ए से और नस्ता'लीक़ (उर्दू लिपि) में ज़ेर की अलामत की मदद से करते हैं। इज़ाफ़त का इस्ते'माल दो या दो से अधिक अल्फ़ाज़ की तरकीब बनाने के लिए भी किया जाता है। जैसे हमें लिखना हो- गुफ़्तार की शोख़ी का बयान' तो इसे हम बयान-ए-शोख़ी-ए-गुफ़्तार लिखेंगे। इज़ाफ़त के इस्ते'माल में हमें एक बात ख़ासतौर से याद रखनी है कि यहाँ तरकीब बनाते वक़्त अल्फ़ाज़ की तरतीब उलटी हो जाती है। जैसा कि हमने ऊपर लिखी गई कुछ मिसालों में लिखा कि जब हमने दिल का दर्द इज़ाफ़त के साथ लिखा तो वो दर्द-ए-दिल हो गया इसी तरह से गुफ़्तार की शोख़ी का बयान- बयान-ए-शोख़ी-ए-गुफ़्तार हो गया।

इज़ाफ़त का इस्ते'माल और तरह से भी करते हैं जैसे हमें लिखना हो- पुर-नम चश्म (भीगी हुई आँख) तो इसे हम चश्म-ए-पुर-नम' लिखते हैं। अगर हमें लिखना है- दिल्ली शह्र तो इसे इज़ाफ़त के साथ हम शह्र-ए-दिल्ली लिखेंगे।

अत्फ़ और इज़ाफ़त की तक़्तीअ के उसूल

1- अत्फ़ या इज़ाफ़त अगर ऐसे दो लफ़्ज़ों के बीच लग रही है जिनमें पहला लफ़्ज़ ऐसा है, जो दो हर्फ़ी सिलेबल का है।

जैसे– दिल, ग़म और शब वग़ैरह और अत्फ़ के साथ ये कुछ इस तरह बरते गए हैं।

जैसे–

दिल-ओ-जाँ या (दिलो-जाँ) । वज़्न– 11-2 या 12-2

ग़म-ओ-रंज या (ग़मो-रंज) । वज़्न– 11-21 या 12-21

शब-ओ-रोज़ या (शबो-रोज़) । वज़्न– 11-21 या 12-21

और इज़ाफ़त के साथ ये कुछ इस तरह बरते गए हैं।

जैसे–

दिल-ए-नादाँ या (दिले-नादाँ) । वज़्न– 11-22 या 12-22

ग़म-ए-दिल या (ग़मे-दिल) । वज़्न– 11-2 या 12-2

ऐसी सूरत में हम अत्फ़ या इज़ाफ़त का वज़्न अलग से 1 या 2 शुमार नहीं कर सकते हैं।

जैसे हम–

दिल-ओ-जाँ का वज़्न 212 या 222

और

दिल-ए-नादाँ का वज़्न 2122 या 2222 नहीं ले सकते।

मिसाल–

है ग़ुलामी असर को हज़रत-ए-दर्द
बा-दिल-ओ-जाँ तिरी जनाब के बीच
–मीर असर

फ़ाइलातुन, मुफ़ाइलुन, फ़ेलुन (फ़इलुन)

2122, 1212, 22 (112)

आप तक़्तीअ कर के देख सकते हैं कि शे'र में दिल-ओ-जाँ को 12-2 के वज़्न पर लिया गया है।

फ़र्श-ए-रह किस के लिए हम दिल-ओ-जाँ रखते हैं
ख़ूब-रू पाँव ज़मीं पर ही कहाँ रखते हैं

–अश्क रामपुरी

फ़ाइलातुन, फ़इलातुन, फ़इलातुन, फ़ेलुन

2122, 1122, 1122, 22

और इस शे'र में 11-2 के वज़्न पर लिया गया है।

दिल-ए-नादाँ को हम समझा चुके थे
मुहब्बत आग है अय बे-ख़बर आग

–मोहम्मद यूसुफ़ रासिख़

मुफ़ाईलुन, मुफ़ाईलुन, फ़ऊलुन

1222, 1222, 122

आप तक़्तीअ कर के देख सकते हैं कि शे'र में दिल-ए-नादाँ को 12-22 के वज़्न पर लिया गया है।

रखना न तवक़्क़ो दिल-ए-नादाँ तू किसी से
उस वक़्त में अपनों को भी बेगाना समझना

–रिंद लखनवी

मफ़ऊल, मुफ़ाईल, मुफ़ाईल, फ़ऊलुन

221, 1221, 1221, 122

और इस शे'र में दिल-ए-नादाँ को 11-22 के वज़्न पर लिया गया है।

नोट– अत्फ़ या इज़ाफ़त अगर ऐसे दो लफ़्ज़ों के बीच लग रही है जिनमें पहला लफ़्ज़ ऐसा है, जो दो हर्फ़ी सिलेबल का है और जुड़ने वाला अगला लफ़्ज़ ऐसा जो एक हर्फ़ी सिलेबल से शुरूअ होता है तब हम अत्फ़ या इज़ाफ़त को पहले लफ़्ज़ के आख़िरी हर्फ़ से जोड़ कर उसका वज़्न एहतियातन 2 ही लेंगे।

जैसे–

ग़म-ओ-मलाल (ग़मो-मलाल) 12-121

मिसाल–

ग़म-ओ-मलाल से पाया कभी न दिल ने फ़राग़
क़फ़स मिला कि हमें आशियाँ नहीं मालूम
–जिगर बरेलवी

मुफ़ाइलुन, फ़इलातुन, मुफ़ाइलुन, फ़ेलुन (फ़इलान)

1212, 1122, 1212, 22 (1121)

आप तक़्तीअ कर के देख सकते हैं कि शे'र में ग़म-ओ-मलाल को 12-121 के वज़्न पर लिया गया है।

शब-ए-सियाह (शबे-सियाह) 12-121

शब-ए-सियाह जुदाई में रौशनी हो कहीं
लगाऊँ आग मैं बैत-उल-हुज़्न के पर्दे में
–इमाम बख़्श नासिख़

मुफ़ाइलुन, फ़इलातुन, मुफ़ाइलुन, फ़ेलुन (फ़इलुन)

1212, 1122, 1212, 22 (112)

आप तक़्तीअ करके देख सकते हैं कि शे'र में शब-ए-सियाह को 12-121 के वज़्न पर लिया गया है।

2- अत्फ़ या इज़ाफ़त अगर ऐसे दो लफ़्ज़ों के बीच लग रही है, जिनमें पहला लफ़्ज़ ऐसा है, जो तीन हर्फ़ी या'नी जिसमें पहले एक हर्फ़ी और बा'द में दो हर्फ़ी सिलेबल (बशर्ते वो अलिफ़ (अ ।) पर ख़त्म न होता हो, जैसे-हवा या दुआ वग़ैरा) आता है।

जैसे सहर, नज़र वग़ैरा और अत्फ़ के साथ इनमें से कोई लफ़्ज़ ऐसे बरता गया है।

जैसे–

सहर-ओ-शाम (सहरो-शाम) । वज़्न– 22-21, 21-21 या 112-21

और इज़ाफ़त के साथ कुछ इस तरह बरता गया है।

जैसे–

सहर-ए-चश्म (सहरे-चश्म) । वज़्न– 22-21, 21-21 या 112-21

ऐसी सूरत में हम अत्फ़ या इज़ाफ़त का वज़्न अलग से 1 या 2 शुमार नहीं कर सकते हैं।

जैसे हम–

सहर-ओ-शाम का वज़्न 12121 या 12221

और

सहर-ए-चश्म का वज़्न 12121 या 12221 नहीं ले सकते।

मिसाल–

मय पीना 'अदम' और क़दम चूमना उन के
है शग़्ल यही अब सहर-ओ-शाम हमारा
–अब्दुल हमीद अदम

मफ़ऊल, मुफ़ाईल, मुफ़ाईल, फ़ऊलुन

221, 1221, 1221, 122

आप तक़्तीअ कर के देख सकते हैं कि शे'र में सहर-ओ-शाम को 112-21 के वज़्न पर लिया गया है।

एक दो हूँ तो सहर-ए-चश्म कहूँ
कार-ख़ाना है वाँ तो जादू का
–मीर तक़ी मीर

फ़ाइलातुन, मुफ़ाइलुन, फ़ेलुन (फ़इलुन)

2122, 1212, 22 (112)

आप तक़्तीअ कर के देख सकते हैं कि शे'र में सहर-ए-चश्म को 21-21 के वज़्न पर लिया गया है।

नोट– यहाँ अत्फ़ या इज़ाफ़त के बा'द अगर आने वाला अगला लफ़्ज़ ऐसा है जो एक हर्फ़ी सिलेबल से शुरूअ होता है तब हम अत्फ़ या इज़ाफ़त को पहले लफ़्ज़ के आख़िरी हर्फ़ से जोड़ कर उसका वज़्न 1 या 2 ले सकते हैं।

जैसे- सहर-ओ-चमन (सहरो-चमन) में हम इसका वज़्न 21-12 या 22-12 और सहर-ए-अजीब (सहरे-अजीब) में हम इसका वज़्न 21-121 या 22-121 ले सकते हैं।

3- अत्फ़ या इज़ाफ़त अगर ऐसे दो लफ़्ज़ों के बीच लग रही है, जिनमें पहला लफ़्ज़ ऐसा है, जो तीन हर्फ़ी या'नी जिसमें पहले एक हर्फ़ी और बा'द में दो हर्फ़ी सिलेबल आता है और वो अलिफ़ (अ ا) या हर्फ़-ए-इल्लत (स्वर अक्षर) पर ख़त्म होता है।

जैसे- हवा या दुआ वग़ैरा और अत्फ़ के साथ इनमें से कोई लफ़्ज़ ऐसे बरता गया है।

जैसे–

हवा-ओ-हिर्स । वज़्न– 121-21 या 122-21

और इज़ाफ़त के साथ कुछ इस तरह बरता गया है।

जैसे–

हवा-ए-बहार । वज़्न– 122-121 या 121-121

ऐसी सूरत में हम अत्फ़ या इज़ाफ़त का वज़्न अलग से 1 या 2 शुमार कर सकते हैं क्यों कि अत्फ़ का ओ और इज़ाफ़त का ए दोनों ही हर्फ़-ए-इल्लत (स्वर) हैं और क़ायदे के लिहाज़ से अलिफ़ पर ख़त्म होने वाले लफ़्ज़ों के आख़िरी हर्फ़ से जोड़े नहीं जा सकते।

हवा-ओ-हिर्स के लाखों शिकार पाए मगर
कोई भी दर्द मोहब्बत में मुब्तला न मिला

–दर्शन सिंह

मुफ़ाइलुन, फ़इलातुन, मुफ़ाइलुन, फ़ेलुन

1212, 1122, 1212, 22

आप तक़्तीअ कर के देख सकते हैं कि शे'र में हवा-ओ-हिर्स 121-21 के वज़्न पर लिया गया है।

क्या हवा-ए-बहार ताज़ा है
क्या चराग़-ए-सराए इबरत है

–रसा चुग़ताई

फ़ाइलातुन, मुफ़ाइलुन, फ़ेलुन

2122, 1212, 22

आप तक़्तीअ करके देख सकते हैं कि शे'र में हवा-ए-बहार 122-121 के वज़्न पर लिया गया है।

4- अत्फ़ या इज़ाफ़त अगर ऐसे दो लफ़्ज़ों के बीच लग रही है, जिनमें पहला लफ़्ज़ ऐसा है, जो तीन हर्फ़ी या'नी जिसमें पहले दो हर्फ़ी और बा'द में एक हर्फ़ी सिलेबल आता है।

जैसे साज़, शह्र और ज़िक्र वग़ैरा और अत्फ़ के साथ इनमें से कोई लफ़्ज़

ऐसे बरता गया है।

जैसे–

शहर-ओ-दरिया (शहरो-दरिया) । वज़्न– 21-22 या 22-22

और इज़ाफ़त के साथ कुछ इस तरह बरता गया है।

जैसे–

शह्र-ए-जफ़ा (शहरे-जफ़ा) । वज़्न– 21-12 या 22-12

ऐसी सूरत में हम अत्फ़ या इज़ाफ़त का वज़्न अलग से 1 या 2 शुमार नहीं कर सकते हैं।

जैसे हम–

शहर-ओ-दरिया का वज़्न– 21-1-22 या 21-2-22

और

शह्र-ए-जफ़ा का वज़्न– 21-1-12 या 21-2-12 नहीं ले सकते।

मिसाल–

शह्र-ओ-दरिया से बाग़-ओ-सहरा से
बू नहीं आती आश्नाई की
–अल्ताफ़ हुसैन हाली

फ़ाइलातुन, मुफ़ाइलुन, फ़ेलुन

2122, 1212, 22

आप तक़्तीअ कर के देख सकते हैं कि शे'र में शहर-ओ-दरिया को 21-22 के वज़्न पर लिया गया है।

मिस्मार हो गई हैं फ़लक-बोस चाहतें
शह्र-ए-जफ़ा से अब न मुझे यूँ पुकारिए
–अफ़ज़ल मिनहास

मफ़ऊल, फ़ाइलात, मुफ़ाईलु, फ़ाइलुन

221, 2121, 1221, 212

आप तक़्तीअ कर के देख सकते हैं कि शे'र में शह्र-ए-जफ़ा को 22-12 के वज़्न पर लिया गया है।

नोट– यहाँ अत्फ़ या इज़ाफ़त के बा'द अगर आने वाला अगला लफ़्ज़ चाहे एक हर्फ़ी सिलेबल से शुरूअ होने वाला हो या दो हर्फ़ी सिलेबल से, हम अत्फ़ या इज़ाफ़त को पहले लफ़्ज़ के आख़िरी हर्फ़ से जोड़ कर उसका वज़्न

1 या 2 ले सकते हैं।

5- अत्फ़ या इज़ाफ़त अगर ऐसे दो लफ़्ज़ों के बीच लग रही है, जिनमें पहला लफ़्ज़ ऐसा है, जो चार हर्फ़ी, पाँच हर्फ़ी (या इससे ज़ियादा हर्फ़ का) है और पहले आने वाले लफ़्ज़ के आख़िर में अगर दो हर्फ़ी सिलेबल के बाद एक हर्फ़ी सिलेबल आता है और अत्फ़ या इज़ाफ़त के बा'द जुड़ने वाला लफ़्ज़ अगर दो हर्फ़ी सिलेबल से शुरूअ होता है-

जैसे नमाज़, जनाब या जज़्बात वग़ैरा और अत्फ़ के साथ इनमें से कोई लफ़्ज़ ऐसे बरता गया है।

जैसे–

नमाज़-ओ-रोज़ा (नमाज़ो-रोज़ा) । वज़्न– 121-22 या 122-22

और इज़ाफ़त के साथ कुछ इस तरह बरता गया है।

जैसे–

नमाज़-ए-दिल (नमाज़े-दिल) । वज़्न– 121-2 या 122-2

अगर आख़िर में दो हर्फ़ी सिलेबल के बाद फिर से दो हर्फ़ी सिलेबल आता है-

जैसे–

नवाज़िश, शरारत या ख़्वाहिश वग़ैरा और अत्फ़ के साथ इनमें से कोई लफ़्ज़ ऐसे बरता गया है।

जैसे–

ख़्वाहिश-ओ-हसरत (ख़्वाहिशो-हसरत) । वज़्न– 211-22 या 212-22

और इज़ाफ़त के साथ कुछ इस तरह बरता गया है।

जैसे–

ख़्वाहिश-ए-दिल (ख़्वाहिशे-दिल) । वज़्न– 211-2 या 212-2

इन तमाम सूरतों में हम अत्फ़ या इज़ाफ़त का वज़्न अलग से 1 या 2 शुमार नहीं कर सकते हैं।

जैसे हम–

नमाज़-ओ-रोज़ा का वज़्न– 121-1-22 या121-2-22

नमाज़-ए-दिल का वज़्न– 121-1-2 या121-2-2

ख़्वाहिश-ओ-हसरत का वज़्न– 122-1-22 या122-2-22

और

ख़्वाहिश-ए-दिल का वज़्न– 22-1-2 या 22-2-2 नहीं ले सकते ।

अत्फ़ या इज़ाफ़त अगर ऐसे दो लफ़्ज़ों के बीच लग रही है, जिनमें पहला लफ़्ज़ ऐसा है, जो चार हर्फ़ी, पाँच हर्फ़ी (या इससे ज़ियादा हर्फ़ का) है और पहले आने वाले लफ़्ज़ के आख़िर में अगर दो हर्फ़ी सिलेबल के बा'द एक हर्फ़ी सिलेबल आता है और अत्फ़ या इज़ाफ़त के बा'द जुड़ने वाला लफ़्ज़ अगर एक हर्फ़ी सिलेबल से शुरूअ होता है-

जैसे–

आसमान या पिन्दार वग़ैरा और अत्फ़ के साथ इनमें से कोई लफ़्ज़ ऐसे बरता गया है।

जैसे–

आसमान-ओ-ज़मीन (आसमानो-ज़मीन) । वज़्न– 2121-121 या 2122-121

और इज़ाफ़त के साथ कुछ इस तरह बरता गया है।

जैसे-

पिंदार-ए-मुहब्बत (पिंदारे-मुहब्बत) । वज़्न– 221-122 या 222-122

इन सूरतों में भी हम अत्फ़ या इज़ाफ़त का वज़्न अलग से 1 या 2 शुमार नहीं कर सकते हैं।

जैसे–

आसमान-ओ-ज़मीन का वज़्न– 2121-1-121 या 2121-2-121

और

पिंदार-ए-मुहब्बत का वज़्न– 221-1-122 या 221-2-122 नहीं ले सकते।

नोट– ऊपर दी गई तमाम सूरतों में हम अत्फ़ या इज़ाफ़त को पहले लफ़्ज़ के आख़िरी हर्फ़ से जोड़ कर उसका वज़्न एहतियातन 1 या 2 ले सकते हैं।

अत्फ़ या इज़ाफ़त अगर ऐसे दो लफ़्ज़ों के बीच लग रही है, जिनमें पहला लफ़्ज़ ऐसा है, जो चार हर्फ़ी, पाँच हर्फ़ी (या इससे ज़ियादा हर्फ़ का) है और पहले आने वाले लफ़्ज़ के आख़िर में अगर दो हर्फ़ी सिलेबल के बा'द फिर दो हर्फ़ी सिलेबल आता है और अत्फ़ या इज़ाफ़त के बा'द जुड़ने वाला लफ़्ज़ अगर एक हर्फ़ी सिलेबल से शुरूअ होता है–

जैसे नवाज़िश या आदत वग़ैरा और अगर अत्फ़ के साथ इनमें से कोई

लफ़्ज़ ऐसे बरता गया है।

जैसे–

नवाज़िश-ओ-मुहब्बत (नवाज़िशो-मुहब्बत) । वज़्न– 1212-122

और इज़ाफ़त के साथ कुछ इस तरह बरता गया है।

जैसे–

आदत-ए-ग़ुलू (आदते-ग़ुलू) वज़्न– 212-12

ऐसी सूरत में हम अत्फ़ या इज़ाफ़त का वज़्न अलग से 1 या 2 तो शुमार कर ही नहीं सकते।

जैसे हम–

नवाज़िश-ओ-मुहब्बत का वज़्न– 122-1-122 या 122-2-122

और

आदत-ए-ग़ुलू का वज़्न– 22-1-12 या 22-2-12 नहीं ले सकते साथ ही अत्फ़ या इज़ाफ़त को पहले लफ़्ज़ के आख़िरी हर्फ़ से जोड़ कर उसका वज़्न एहतियातन 2 ही ले सकते हैं।

6- अत्फ़ या इज़ाफ़त अगर ऐसे दो लफ़्ज़ों के बीच लग रही है, जिनमें पहला लफ़्ज़ ऐसा है, जो छोटी हे (ہ) पर ख़त्म होता है-

जैसे- जज़्बा या सितारा वग़ैरा और अत्फ़ के साथ इनमें से कोई लफ़्ज़ ऐसे बरता गया है।

जैसे–

जज़्बा-ओ-फ़िक्र (जज़्बओ-फ़िक्र) । वज़्न– 211-21 या 212-21

और इज़ाफ़त के साथ कुछ इस तरह बरता गया है।

जैसे–

सितारा-ए-गौहर (सितारए-गौहर) । वज़्न– 1211-22 या 1212-22

ऐसी सूरत में हम अत्फ़ या इज़ाफ़त के पहले लफ़्ज़ (जो छोटी हे पर ख़त्म होता है) का वज़्न उसकी अस्ल पर बाँधते हैं। जैसे हम जज़्बा या सितारा को सिलसिलेवार 22 या 122 के वज़्न में नहीं बल्कि सिर्फ़ और सिर्फ़ 21 या 121 के वज़्न पर ही ले सकते हैं और अत्फ़ या इज़ाफ़त का वज़्न अलग से 1 या 2 शुमार कर सकते हैं।

नोट– अगर छोटी हे पर ख़त्म होने वाला लफ़्ज़ शाइरी में अत्फ़ या इज़ाफ़त के इलावा आता है तब ज़रूर उसका वज़्न 22 या 122 लिया जा सकता है।

मिसाल–

जज़्बा-ओ-फ़िक्र के ख़ामोश समंदर के तले
जब भी तूफ़ान मचलता है ग़ज़ल होती है
–अब्दुल मन्नान तरज़ी

फ़ाइलातुन, फ़इलातुन, फ़इलातुन, फ़ेलुन (फ़इलुन)

2122, 1122, 1122, 22 (112)

आप तक़्तीअ कर के देख सकते हैं कि शे'र में जज़्बा-ओ-फ़िक्र को 21-2-21 के वज़्न पर लिया गया है।

गौहर को अक़्द-ए-गर्दन-ए-ख़ूबाँ में देखना
क्या औज पर सितारा-ए-गौहर-फ़रोश है
–मिर्ज़ा ग़ालिब

मफ़ऊल, फ़ाइलात, मुफ़ाईलु, फ़ाइलुन

221, 2121, 1221, 212

आप तक़्तीअ कर के देख सकते हैं कि शे'र में सितारा-ए-गौहर को 121-1-22 के वज़्न पर लिया गया है।

7- अत्फ़ या इज़ाफ़त अगर ऐसे दो लफ़्ज़ों के बीच लग रही है, जिनमें पहला लफ़्ज़ ऐसा है, जो ऐन (ع) पर ख़त्म होता है-

जैसे तुलूअ, इज्तिमाअ या मिसरअ वग़ैरा और अत्फ़ के साथ इनमें से कोई लफ़्ज़ ऐसे बरता गया है।

जैसे–

तुलू-ओ-ज़वाल (तुलूओ-ज़वाल) । वज़्न– 12-1-121 या 12-2-121

या

तुलू-ओ-ग़ुरूब (तुलूओ-ग़ुरूब) । वज़्न– 12-1-121 या 12-2-121

और इज़ाफ़त के साथ कुछ इस तरह बरता गया है।

जैसे–

इज्तिमा-ए-नक़ीज़ैन (इज्तिमाए-नक़ीज़ैन) । वज़्न– 212-1-1221 या 212-2-1221

ऐसी सूरत में हम अत्फ़ या इज़ाफ़त के पहले लफ़्ज़ (जो ऐन पर ख़त्म होता है) का वज़्न उसकी अस्ल पर नहीं बल्कि ऐन को हटा कर अत्फ़ या इज़ाफ़त का वज़्न अलग से 1 या 2 लेते हैं।

मिसाल–

लम्हों में मुझ को बाँट गया कोई काला हाथ
वर्ना मैं आप अपना तुलू-ओ-ज़वाल था
–फ़ारूक़ मुज़्तर

मफ़ऊल, फ़ाइलात, मुफ़ाईलु, फ़ाइलुन

221, 2121, 1221, 212

आप तक़्तीअ कर के देख सकते हैं कि शे'र में तुलू-ओ-ज़वाल को 12-2-121 के वज़्न पर लिया गया है।

शब-ओ-सहर के तसलसुल में ये तुलू-ओ-ग़ुरूब
समझने वालों को इक दुख-भरा इशारा है
–फ़रासत रिज़वी

मुफ़ाइलुन, फ़इलातुन, मुफ़ाइलुन, फ़ेलुन (फ़इलान)

1212, 1122, 1212, 22 (1121)

आप तक़्तीअ कर के देख सकते हैं कि शे'र में तुलू-ओ-ग़ुरूब को 12-1-121 के वज़्न पर लिया गया है।

क्यूँ कर हो इज्तिमा-ए-नक़ीज़ैन अय मुनीर
आते ही मौत के मिरी हस्ती चली गई
–मुनीर शिकोहाबादी

मफ़ऊल, फ़ाइलात, मुफ़ाईलु, फ़ाइलुन

221, 2121, 1221, 212

आप तक़्तीअ कर के देख सकते हैं कि शे'र में इज्तिमा-ए-नक़ीज़ैन को 212-1-1221 के वज़्न पर लिया गया है।

फिर किसी से भी गिरह मुझ पे लगाई न गई
कोई बे-ढब ही बहुत मिसरा-ए-ऊला हुआ मैं
–ज़फ़र इक़बाल

फ़ाइलातुन, फ़इलातुन, फ़इलातुन, फ़ेलुन (फ़इलुन)

2122, 1122, 1122, 22 (112)

आप तक़्तीअ कर के देख सकते हैं कि शे'र में मिसरा-ए-ऊला (मिसरअ-ए-ऊला या मिसरए-ऊला) को 21-1-22 के वज़्न पर लिया गया है।

नोट– ऐन पर ख़त्म होने वाले अल्फ़ाज़ की एक मुख़्तसर फ़ेहरिस्त किताब के आख़िर में लिखी गई है।

8- अत्फ़ या इज़ाफ़त अगर ऐसे दो लफ़्ज़ों के बीच लग रही है, जिनमें पहला लफ़्ज़ ऐसा है जिसके आख़िर में नून (न ن) आता है और उनका नून हटा कर उसे नून ग़ुन्ना (चंद्र बिंदु ں) के साथ लिखा जाता है-

जैसे–

आसमान-आसमाँ

साएबान-साएबाँ

इम्तेहान-इम्तेहाँ

इम्कान-इम्काँ

इस सूरत में इन्हें इनकी अस्ल पर बाँधा जाता है–

जैसे– अत्फ़ या इज़ाफ़त के साथ हम इन्हें–

आसमाँ-ओ-ज़मीन (अगर यहाँ ज़मीन को ज़मीं लिखा जाए तो वह किसी ऐब के दायरे में नहीं आएगा।)

या

आसमाँ-ए-ज़िंदगी

की शक्ल पर नहीं बल्कि

आसमान-ओ-ज़मीन

और

आसमान-ए-ज़िंदगी ही बाँधेंगे और इनका वज़्न भी इनकी इसी सूरत में तय होगा।

आख़िर में– अत्फ़ या इज़ाफ़त लगाते वक़्त सिर्फ़ फ़ारसी ज़बान के लफ़्ज़ के साथ फ़ारसी के या अरबी ज़बान के लफ़्ज़ के साथ अरबी के लफ्ज़ ही इस्ते'माल होते हैं। हिंदी ज़बान के साथ फ़ारसी या अरबी के लफ़्ज़ इस्ते'माल में नहीं लाए जा सकते।

जैसे हम–

पाँव के निशान- नक़्श-ए-क़दम को चिन्ह-ए-चरण, नक़्श-ए-चरण या निशान-ए-पाँव की शक्ल में नहीं ले सकते हैं, यह बहरसूरत नक़्श-ए-क़दम या निशान-ए-पा की शक्ल में ही लिखा जाएगा।

जंगल लफ़्ज़ फ़ारसी का शायद इकलौता ऐसा लफ़्ज़ होगा जिसका इस्ते'माल तमाम उर्दू और फ़ारसी शाइरी में इज़ाफ़त के साथ कहीं नहीं मिलता।

जैसे हम–

आँखों (चश्म) के जंगल को जंगल-ए-चश्म बाँध दें, तब यह सुनने-पढ़ने में अजीब और ख़राब लग रहा है और इसी लिए क्यों कि इसकी अस्ल (Origin) संस्कृत ज़बान है।

नोट– अत्फ़ या इज़ाफ़त अगर ऐसे दो लफ़्ज़ों के बीच लग रही है, जिनमें पहला लफ़्ज़ ऐसा है, जो हर्फ़-ए-इल्लत (दीर्घ स्वर- आ, ई, ऊ, ऐ, औ) पर ख़त्म होता है तब ऐसी सूरत में हम अत्फ़ या इज़ाफ़त को अलग से 1 या 2 के वज़्न में शुमार कर सकते हैं।

हर्फ़-ए-इज़ाफ़ी

हर्फ़-ए-इज़ाफ़ी के लुग़वी मआनी अतिरिक्त अक्षर के हैं या'नी किसी शे'र के किसी भी मिसरे के आख़िरी लफ़्ज़ का वो आख़िरी हर्फ़ जो कि तक़्तीअ में शुमार नहीं होता, उसे हम हर्फ़-ए-इज़ाफ़ी कहते हैं।

जैसे–

कोई चेहरा नज़र नहीं आता
आँख क्या ढूँढ़ती है सारी रात
फ़ाइलातुन, मुफ़ाइलुन, फ़ेलुन
2122, 1212, 22

आप तक़्तीअ कर के देख सकते हैं कि शे'र के सानी मिसरे के आख़िरी लफ़्ज़ रात में त हर्फ़-ए-इज़ाफ़ी है जिसे तक़्तीअ में शुमार नहीं किया गया है।

पैकर-ए-अक़्ल तेरे होश ठिकाने लग जाएँ
तेरे पीछे भी जो हम जैसे दिवाने लग जाएँ
–फ़रहत एहसास
फ़ाइलातुन, फ़इलातुन, फ़इलातुन, फ़ेलुन
2122, 1122, 1122, 22

आप तक़्तीअ कर के देख सकते हैं कि शे'र के सानी मिसरे के आख़िरी लफ़्ज़ जाएँ में एँ हर्फ़-ए-इज़ाफ़ी है जिसे तक़्तीअ में शुमार नहीं किया गया है।

ध्यान रखें–

1- हर्फ़-ए-इज़ाफ़ी सिर्फ़ एक हर्फ़ी (रात का त, यार का र वग़ैरा) या हर्फ़-ए-इल्लत (इ, ई, उ, ऊ, ओ, औ) ही हो सकते हैं। जैसे- लफ़्ज़ आओ, जाओ, ताऊ, आए, जाए वग़ैरा। हर्फ़-ए-इल्लत पर अगर नून ग़ुन्ना लगा लगा

है। जैसे- आईं, आएँ, जाएँ, आऊँ, बताऊँ वग़ैरा तब भी ये हर्फ़-ए-इज़ाफ़ी के तौर पर लिए जा सकते हैं। क्योंकि हम पहले ही ये जान चुके हैं कि नून ग़ुन्ना तक़्तीअ में शुमार नहीं होता।

2- अलिफ़ या छोटी हे पर ख़त्म होने वाले लफ़्ज़ कभी हर्फ़-ए-इज़ाफ़ी के तौर पर नहीं लिए जा सकते हैं या'नी- आया, आता, सितारा, पैदा या जज़्बा जैसे अल्फ़ाज़ के आख़िरी लफ़्ज़ (या, ता, रा या दा) को हर्फ़-ए-इज़ाफ़ी के तौर पर नहीं ले सकते।

3- ऐन पर ख़त्म होने वाले अल्फ़ाज़ के ऐन को हर्फ़-ए-इज़ाफ़ी के तौर पर बाँधा जा सकता है।

जैसे- शुरूअ, अलविदाअ, इत्तिलाअ वग़ैरा।

4- ग़ज़ल के हर शे'र के हर मिसरे पर हर्फ़-ए-इज़ाफ़ी बाँध देने की वज्ह से उसकी बह्र बदल सकती है।

जैसे- बह्र-ए-ख़फ़ीफ़ मुसद्दस मजनून महज़ूफ़ मुसक्किन या बह्र-ए-ख़फ़ीफ़ मुसद्दस मजनून अब्तर–

फ़ाइलातुन, मुफ़ाइलुन, फ़ेलुन

फ़ाइलातुन, मुफ़ाइलुन, फ़ेलुन

के हर मिसरे पर हर्फ़-ए-इज़ाफ़ी आने से ये बदल कर–

बह्र-ए-ख़फ़ीफ़ मुसद्दस मख़्बून मुसक्किन मक़्सूर

फ़ाइलातुन, मुफ़ाइलुन, फ़ालान

फ़ाइलातुन, मुफ़ाइलुन, फ़ालान

हो जाएगी।

ऐसी और भी बहरें हैं जिनके बारे में हम पहले जान चुके हैं।

अलिफ़ वस्ल

वस्ल या'नी विलय (घुल जाना) जब दो या दो से ज़ियादा लफ़्ज़ों के ऐसे इज्तिमाअ (समूह) जिनमें सिलसिलेवार दूसरे, तीसरे या चौथे लफ़्ज़ का आख़िरी हर्फ़ कॉन्सोनेंट (व्यंजन) हो और इब्तेदाई (शुरूआती) हर्फ़ अलिफ़ हो, आपस में ऐसे घुल-मिल जाएँ कि उनकी आवाज़ और मआनी में फ़र्क़ आए बग़ैर उनके वज़्न में अपनी ज़रूरत के मुताबिक़ कम-ओ-बेशी (घट-बढ़) की जा सके, तो उसे हम अलिफ़ वस्ल कहते हैं।

हिंदी में वो लफ़्ज़ जिनका इब्तेदाई हर्फ़ अलिफ़ होता है- अ, आ, इ, ई, उ, ऊ, ए, ऐ, ओ, औ से शुरूअ होते हैं।

मिसाल–

अब और (2-21)- अब + और = अबौर (1-21)

इस आसमान (2-2121)- इस + आसमान = इसासमान (1-2121)

अब इसके (2-22 या 2-21)- अब + इसके = अबिसके (1-22 या 1-21)

हर एक (2-21)- हर + एक = हरेक (1-21)

अब आख़िर आख़िर (2-22-22)- अब + आख़िर + आख़िर = अबाख़िराख़िर (1-21-22)

तब ऐसा (2-22 या 2-21)- तब + ऐसा = तबैसा (1-22 या 1-21)

हम उसका (2-22 या 2-21)- हम + उसका = हमुसका (1-22 या 1-21)

दिल ऊबा (2-22 या 2-21)- दिल + ऊबा = दिलूबा (1-22 या 1-21)

उस ओर (2-21)- उस + ओर = उसोर (1-21)

कुछ असातेज़ा की मिसाल देखते हैं-

हर एक बात पे कहते हो तुम कि तू क्या है
तुम्हीं कहो कि ये अन्दाज़-ए-गुफ़्तगू क्या है
–ग़ालिब

मुफ़ाइलुन, फ़इलातुन, मुफ़ाइलुन फ़ेलुन

1212, 1122, 1212, 22

आप तक़्तीअ कर के देख सकते हैं कि शे'र में हर एक (2-21) को हरेक (121) के वज़्न पर लिया गया है।

बाज़ आए हम ऐसे आने से
हाँ जो वाक़िफ़ न होवें सो आवें
–मीर हसन

फ़ाइलातुन, मुफ़ाइलुन, फ़ेलुन

2122 1212 22

आप तक़्तीअ कर के देख सकते हैं कि शे'र में हम ऐसे (2-22 या 2-21) को हमैसे (121) के वज़्न पर लिया गया है।

सरकती जाए है रुख़ से नक़ाब आहिस्ता-आहिस्ता
निकलता आ रहा है आफ़ताब आहिस्ता-आहिस्ता
–अमीर मीनाई

मुफ़ाईलुन, मुफ़ाईलुन, मुफ़ाईलुन, मुफ़ाईलुन

1222, 1222, 1222, 1222

आप तक़्तीअ कर के देख सकते हैं कि शे'र में नक़ाब आहिस्ता (121-222 या 121-221) को नक़ाबाहिस्ता (12221) के वज़्न पर लिया गया है।

ध्यान रखें–

1. शे'र को तहरीर करते वक़्त हमें अस्ल लफ़्ज़ ही लिखने हैं, वस्ल कर के नहीं जैसे- हर एक को हरेक नहीं बल्कि हर एक ही लिखना है।

2. ऐन से शुरूअ होने वाले अल्फ़ाज़ जैसे- इश्क़, उम्र, आरिफ़, आशिक़, इल्म, और आलिम वग़ैरा का वस्ल ऐब है।

शाइरी के ऐब

उर्दू शाइरी (ख़ासकर ग़ज़ल) में कुछ ऐब होते हैं। हमें कोशिश करनी है कि शे'र कहते वक़्त हम इस बात का ख़ास लिहाज़ रखें कि ये तमाम ऐब शे'र में पैदा न हों। क्योंकि इन छोटे-छोटे ऐब को नज़र-अंदाज़ करने से बहुत बार एक अच्छा शे'र भी ख़राब और वाहियात लगने लगता है। आइए जानते हैं इन ऐबों के बारे में-

1. ऐब-ए-तनाफ़ुर– ग़ज़ल में एक जैसे हर्फ़ या लफ़्ज़ की मुसलसल तरतीब की वज्ह से अगर लफ़्ज़ अपना अस्ल तलफ़्फ़ुज़ खो दे और सुनने में किसी नए और वाहियात क़िस्म का लफ़्ज़ लगे, तब इस ऐब को हम ऐब-ए-तनाफ़ुर कहते हैं।

मिसाल–

फ़ायदा क्या हुआ है कुछ बक कर

या

फ़ायदा क्या हुआ है कुछ बक के

यहाँ हम मिसरे को पढ़ते या गुनगुनाते वक़्त चाहे कितनी भी एहतियात बरतें बावजूद इसके हमें बक कर की जगह बक्कर और बक के की जगह बक्के ही सुनाई देगा जो कि दर-अस्ल कोई लफ़्ज़ ही नहीं हैं और सुनने में निहायत बुरा लग रहा है।

किसी मक़ाम-ए-तमन्ना से जब भी पलटे हैं
हमारे सामने अपने ही नक़्श-ए-पा आए
–बाक़ी सिद्दीक़ी

अब इस शे'र के सानी मिसरे में हम कुछ रद-ओ-बदल कर के देखते हैं-

हमारे सामने अपने ही नक़्श-ए-पा पाए

अब यहाँ भी हमें बहुत एहतियात बरतने के बा'द भी नक़्श-ए-पापाए ही सुनाई देगा जो कि सुनने में काफ़ी ख़राब लग रहा है।

ढोल को वो अब बजाए

इस मिसरे में ये ऐब उतना तो नहीं है मगर फिर भी जब हम मिसरे को पढ़ेंगे तो अब बजाए की जगह हमें काफ़ी हद तक अब्बा जाए सुनाई देगा।

हमें शे'र कहते वक़्त ऐसे अल्फ़ाज़ की मुसलसल तरतीब से बचने की कोशिश करनी चाहिए।

2. ऐब-ए-ज़म– ज़म के लुग़वी मआनी मलामत करना या'नी भर्त्सना करना या अश्लीलता के होते हैं। ज़म के ऐब को आसान ज़बान और कम अल्फ़ाज़ में समझें तो शाइरी में पाया जाने वाला वो ऐब जिसकी वज्ह से आपके शे'र के मआनी दो-अर्थी (Dual meaning) हो जाएँ। एक मआनी सीधा सा हो जो कहा गया है और दूसरा घटिया क़िस्म का, छिछला और अश्लील हो।

मिसाल–

मैंने पीछे से उसकी ले ली है
उसकी तस्वीर पास है मेरे

इस मिसरे में पीछे से उसकी ले ली है ज़म का पहलू पैदा कर रहा है।

उसने माँगी सो हमने दे भी दी
जान ही थी कोई जहान नहीं

इस शेर के पहले मिसरे में उसने माँगी और दे भी दी ज़म का पहलू पैदा कर रहे हैं।

इस ऐब के बारे में एक बात ग़ौर करने की ये भी है कि अगर किसी शे'र में शाइर खुल कर सीने से सीने को मिलाने की बात कर रहा है। खुल कर होंठों को चूमने की बात कर रहा है तो वहाँ ज़म नहीं होता।

अगर शाइर कहता है कि–

थाम के हाथ मेरा सो जाओ
चैन की नींद मुझको आ जाए

तो यहाँ ज़म का ऐब क़तई नहीं है।

लेकिन वो कहे कि–

उसने हाथों में मेरा थाम लिया
दिल नहीं टिक रहा था सीने में

तब ये शे'र निहायत घटिया हो जाता है कि इस शे'र का तमाम मिसरए-ऊला उसने हाथों में मेरा थाम लिया ही ज़म का ऐब पैदा कर रहा है।

3. ऐब-ए-शुतुर गुरबा– शुतुर गुरबा के लुग़वी मआनी सिलसिलेवार ऊँट और बिल्ली के हैं। एक ही शे'र में ऊँट और बिल्ली बाँध देना या'नी ऐसी बात कहना कि उनका आपस में सहीह तुक न बैठे, हम के साथ हमारा न कहके मेरा कह दिया जाए या एकवचन के साथ बहुवचन का इस्ते'माल कर लिया जाए। शे'र में बात करने वाला अगर हम से मुख़ातिब है और जिसकी बात की जा रही है, वो तुम से तो वहाँ हम के साथ हमारा और तुम के साथ तुम्हारा इस्ते'माल होगा न कि हम के साथ मेरा और तुम के साथ तेरा।

मैं के साथ हूँ, था, मेरा लफ़्ज़ ही आएँगे हैं, है, थे या हमारा नहीं।

तुम के साथ हो, थे, थीं, तुम्हारा लफ़्ज़ ही आएँगे है, था या तेरा नहीं।

इसी तरह से हम' या तू वग़ैरा के साथ भी इन्हीं के जोड़ीदार लफ़्ज़ ही इस्ते'माल में लिए जा सकते हैं।

मिसाल–

मेरी सारी कमाई लेने लगीं
साँसे हमसे बिदाई लेने लगीं

इस शे'र में मेरी के साथ हमसे का कोई तुक नहीं बैठ रहा लिहाज़ा हमें या तो मेरी की जगह हमारी (जिसकी वज्ह से शे'र बह्र से ख़ारिज हो जाएगा) या हमसे की जगह मुझसे करना होगा। तब दुरुस्त शे'र यूँ होगा कि–

मेरी सारी कमाई लेने लगीं
साँसे मुझसे बिदाई लेने लगीं

एक वचन के साथ बहुवचन इस्ते'माल करने की मिसाल–

मेरे उस ख़्वाब की ता'बीर नहीं खुलती है
जो मेरी आँख में आ जाते हैं नींद आते ही

इस शे'र में आपने देखा कि पहले मिसरे में वाहिद (एक) ख़्वाब की बात हो रही है और दूसरे मिसरे में आ जाते हैं का इस्ते'माल हुआ है जब कि दुरुस्त

शे'र कुछ यूँ होना था कि–

मेरे उस ख़्वाब की ता'बीर नहीं खुलती है
जो मेरी आँख में आ जाता है नींद आते ही

ध्यान रखें–

1. अगर शाइर (बात करने वाला) मैं से मुख़ातिब है और दूसरा (जिसकी बात हो रही है) उसे तू, तुम या आप' कह कर पुकार रहा है, ऐसी सूरत में वहाँ शुतुर गुरबा का ऐब पैदा नहीं होता।

2. चूँकि ग़ज़ल के तमाम शे'र मुख़्तलिफ़ मौज़ूअ पर ही होते हैं लिहाज़ा ये ऐब एक ही शे'र में हो सकता है। दूसरे शे'र में आप मैं की जगह हम का इस्ते'माल कर सकते हैं।

4- ऐब-ए-इख़्लाल- इस ऐब के मुतअल्लिक़ मुख़्तसर सी बात ये है कि शे'र कहते वक़्त बात को अधूरा छोड़ देना। जैसे–

हम उसे देख हो गए पागल

मिसरे में देख की बजाए देख कर होना चाहिए था लेकिन ये ऐब बहुत मायने नहीं रखता ऐसा शाइरी में होना आम बात है।

4. ऐब-ए-इत्तेसाल– ये ऐब तनाफ़ुर के ऐब जैसा ही है लेकिन ये तनाफ़ुर नहीं है। जब शे'र में पहले लफ़्ज़ का हर्फ़-ए-आख़िर उसके अगले लफ़्ज़ के हर्फ़-ए-अव्वल से मिलता जुलता हो या हू-ब-हू हो और पढ़ने में ज़बान को अटकाए तो वहाँ इत्तेसाल का ऐब होता है। इस ऐब से बचने की तमाम कोशिशों के बा'द भी हम इससे नहीं बच पाते। जैसे- पाल लो, प्यास से, उसमें मैं या दिल लिया वग़ैरा।

मिसाल–

लोग चर्चा कर रहे हैं मुझ में मैं' हूँ ही नहीं अब
ख़ुद को मुझसे कर दे ख़ाली मुझको मुझ जैसा तो कर जा

इस शे'र के मिसरए-ऊला में मुझमें मैं इत्तेसाल का ऐब पैदा कर रहे हैं।

5. ऐब-ए-ज़ोफ़-ए-तालीफ़– शे'र में ग़लत इज़ाफ़त (दो अलग ज़बान के लफ़्ज़ के दरमियान इज़ाफ़त का इस्ते'माल) बाँधने जैसे- दुःख-ए-दिल,

क़तरा-ए-नदी वग़ैरा या किसी जुमले, मुहावरे या इबारत का ग़लत इस्ते'माल करने से भी ये ऐब पैदा होता है।

जैसे–

इज़ाफ़त के ग़लत इस्ते'माल पर मिसाल–

दिल धड़कता है तो भड़कती है
आग-ए-दिल तन जला के मानेगी

इस शे'र में साफ़ तौर पर ज़ाहिर है कि लफ़्ज़ आग और दिल इज़ाफ़त के साथ ग़लत हैं (जिसके बारे में हम इज़ाफ़त के बाब में समझ चुके हैं)। लिहाज़ा इस शे'र में आग-ए-दिल की जगह सोज़-ए-दिल होना चाहिए था तब दुरुस्त शे'र यूँ होता कि–

दिल धड़कता है तो भड़कती है
सोज़-ए-दिल तन जला के मानेगी

ग़लत मुहावरे पर मिसाल–

अस्ल मुहावरा है- चने की झाड़ पर चढ़ाना (या'नी ज़रूरत से ज़ियादा ता'रीफ़ करना)

शाइरी में अगर हम इस या किसी भी मुहावरे को नज़्म करते हैं, तो उसे जस का तस करना होता है। चने की झाड़ पर चढ़ाना को हम बबूल की झाड़ पर चढ़ाना नहीं लिख सकते।

ग़लत इबारत पर मिसाल–

नाचना उनकी बात बस की नहीं
फिर भी वो नाचते हैं क्यूँ जाने

इस शे'र के मिसरए-ऊला नाचना उनकी बात बस की नहीं इबारत के लिहाज़ से ग़लत है जहाँ लफ़्ज़ उनकी और अल्फ़ाज़ की तरतीब दुरुस्त नहीं है। अगर हम इस मिसरे में उनकी की जगह उनके कर दें और उसकी इबारत दुरुस्त कर दें तो यह ऐब जाता रहेगा। तब दुरुस्त शे'र यूँ होगा कि-

नाचना उनके बस की बात नहीं
फिर भी वो नाचते हैं क्यूँ जाने

6. **ऐब-ए-तकरार–** शे'र में ये ऐब तब पैदा होता है जब सुनने-पढ़ने में अलग लेकिन एक ही मआनी के दो या दो से ज़ियादा लफ़्ज़ एक ही मिसरे में

नज़्म कर दिए जाएँ।

जैसे–

मुहब्बत इश्क़ में दिल का ख़सारा ख़ूब होता है
मगर ये जानकार भी हम किसी से प्यार करते हैं

इस शे'र के मिसरए-ऊला में मुहब्बत और इश्क़ के मआनी एक ही हैं, जो कि शे'र में तकरार का ऐब पैदा कर रहे हैं।

7. ऐब-ए-तग़य्युर– किसी लफ़्ज़, नाम या तख़ल्लुस को ग़लत तलफ़्फ़ुज़ या ग़लत वज़्न में बाँधने से शे'र में ये ऐब पैदा होता है।

8. ऐब-ए-इन्तिज़ाल– ये ऐब शे'र में अल्फ़ाज़ की तरतीब से तअल्लुक़ रखता है या'नी लफ़्ज़ तो उसके दुरुस्त वज़्न में नज़्म किया गया हो लेकिन बोलने या पढ़ते वक़्त मिसरे की रवानी जाती रहे और वो सुनने में कानों को खटके।

9. ऐब-ए-हश्व-ए-क़वायद- या'नी शे'र को महज़ बह्र में लाने के लिए फ़िज़ूल लफ़्ज़ों को मिसरे में भरना।

जैसे–

हुए तन्हा अकेले जीते-जी यूँ
कि अब मरना ही शायद रास आए

अव्वल तो ये शे'र शे'रीयत के लिहाज़ ही से वाहियात है और साथ-साथ इसमें फ़िज़ूल अल्फ़ाज़ की भरमार है। जैसे- तन्हा के साथ अकेले जब कि दोनों ही लफ़्ज़ों के मआनी एक ही हैं। यूँ और कि भी शे'र में बे-वज्ह ही नज़्म किए गए हैं जब कि इनके होने न होने से शे'र में कोई फ़र्क़ नहीं पड़ रहा है कि–

तन्हा हुए जीते-जी यूँ
अब मरना ही शायद रास आए

-भी अपने आप में पूरी बात है लिहाज़ा शे'र को सिर्फ़ बह्र में लाने के लिए हमें उसमें फ़िज़ूल अल्फ़ाज़ नज़्म करने से बचना चाहिए।

इसी मज़्मून को दोबारा और दुरुस्त कर के कहते हैं-

अब इस तन्हाई से उकता चुके हैं
हमें मरना ही शायद रास आए

अब आप देख सकते हैं कि वही मज़्मून दोबारा बाँधते हुए कोई भी लफ्ज़ फ़िज़ूल नज़्म नहीं किया गया है और अब अगर हम शे'र से कोई भी लफ़्ज़ हटाते हैं, तो बयान मुकम्मल नहीं हो सकेगा।

10. ऐब-ए-तक़्दीम-ओ-ताख़ीर– तक़्दीम-ओ-ताख़ीर के लुग़वी मआनी सिलसिलेवार आगे, पहले या प्रधानता और देर या बा'द के हैं। जब शे'र में मिसरए-ऊला की जगह मिसरए-सानी कह दिया गया हो, या'नी जो बात बा'द में कही जानी चाहिए वो पहले ही कह दी गई हो तब इन हालात में शे'र तक़्दीम-ओ-ताख़ीर का ऐब पैदा होता है।

जैसे–

जहाँ से इल्म की सरहद शुरूअ होती नहीं
हमारा कर्ब है महदूद उन हिसारों तक

जब कि शे'र यूँ होना चाहिए कि–

हमारा कर्ब है महदूद उन हिसारों तक
जहाँ से इल्म की सरहद शुरूअ होती नहीं

11. ऐब-ए-तकल्लुफ़– अरबी के इतर उर्दू ज़बान में जमअ-उल-जमअ (बहुवचन का बहुवचन) का रिवाज या क़ायदा नहीं हैं फिर भी अगर हम शे'र में किसी लफ़्ज़ के जमअ (बहुवचन) का जमअ महज़ बह्र की खाना पूर्ति या क़ाफ़िया पैमाई के लिए करते हैं, तो वहाँ तकल्लुफ़ का ऐब पैदा हो जाता है। जैसे- सवालात को सवालातों, ख़यालात को ख़यालातों या अहबाब को अहबाबों वग़ैरा लिखना।

12. ऐब-ए-तवाली-ए-इज़ाफ़त– शे'र में इज़ाफ़त का इस्ते'माल तीन से ज़ियादा बार करना तवाली-ए-इज़ाफ़त के दायरे में आता है।

जैसे–

असीर-ए-पंजा-ए-अह्द-ए-शबाब कर के मुझे
कहाँ गया मेरे बचपन ख़राब कर के मुझे

–मुज़्तर ख़ैराबादी

इस शे'र में इज़ाफ़त का इस्ते'माल तीन बार हुआ है। इससे ज़ियादा बार

इज़ाफ़त का इस्ते'माल करने पर शे'र में तवाली-ए-इज़ाफ़त का ऐब आ जाता है।

जैसे-

हूँ दाग़-ए-नीम-रंगी-ए-शाम-ए-विसाल-ए-यार

नूर-ए-चराग़-ए-बज़्म से जोश-ए-सहर है आज

–मिर्ज़ा ग़ालिब

इस शे'र में तवाली-ए-इज़ाफ़त का ऐब है लेकिन ग़ालिब फिर ग़ालिब हैं।

13. ऐब-ए-शिकस्त-ए-नारवा– ये ऐब अक्सर उन बहरों में पैदा होता है जिनकी अर्कान दो बराबर टुकड़ों में तक़्सीम हो और मिसरे में बात दोनों मुख़्तलिफ़ टुकड़ों में पूरी न हो कर एक टुकड़े की बात बह्र के दूसरे टुकड़े में कही जाए।

जैसे–

बह्र-ए-कामिल मुसम्मन सालिम

मुतफ़ाइलुन, मुतफ़ाइलुन, मुतफ़ाइलुन, मुतफ़ाइलुन

11212, 11212, 11212, 11212

मैं ख़याल हूँ किसी और का। मुझे सोचता कोई और है

सर-ए-आईना मेरा अक्स है। पस-ए-आईना कोई और है

–सलीम कौसर

यहाँ आपने देखा कि दोनों मिसरे अपने-अपने मुख़्तलिफ़ टुकड़ों में अपनी बात पूरी कर रहे हैं और पहले टुकड़े का कोई भी लफ़्ज़ दूसरे टुकड़े में जा कर नहीं मिला लिहाज़ा यहाँ ये ऐब नहीं है, लेकिन अगर इसी शे'र के ऊला मिसरे को हम बदल कर यूँ कर दें कि–

किसी और का हूँ मैं तो ख़या । ल पू सोचता कोई और है

ऐसी सूरत में यहाँ पर शिकस्त-ए-नारवा का ऐब पैदा हो जाता है।

नोट– इस ऐब से असातेज़ा हमेशा से बचते आए हैं लेकिन इसकी निशान-देही पहली मर्तबा हसरत मोहानी ने की थी शायद तब ही इस ऐब को ये नाम भी मिला।

14. ऐब-ए-तज्बीब– या'नी शे'र कहते वक़्त उसे महज़ बह्र में रखने के लिए रखी को रक्खी, नदी को नद्दी, या उठी को उट्ठी वग़ैरा लिखना। हालाँकि

ये ऐब अब अरूज़ से बाहर कर दिया गया है लिहाज़ा आपको इसका कोई ख़ास ख़याल नहीं रखना है मैंने इसे सिर्फ़ आपकी जानकारी के लिए बताया है।

आख़िर में– आपको शे'र में अल्फ़ाज़ के दुहराव से परहेज़ करना है। कई मर्तबा ऐसा करने से शे'र की ख़ूबसूरती जाती रहती है, लेकिन कई बार यूँ भी होता है कि ऐसा करने से शे'र और भी ख़ूबसूरत हो जाता है। ये आपकी समझ पर मुन्हसिर (निर्भर) है कि आप इसका इस्ते'माल कैसे करते हैं।

और भी कुछ एक ऐब हैं जिनका ज़िक्र ग़ैर ज़रूरी है। लिहाज़ा ऐब का बाब यहाँ ख़त्म होता है।

अच्छा शे 'र कैसे कहें

अच्छा शे 'र कहना वाक़ई मुश्किल काम है। एक अच्छे शे 'र की तख़्लीक़ या 'नी उम्र भर का ख़सारा कहना भी ज़ियादा न होगा। मेरे नज़्दीक ये बात गहरे उतर चुकी है कि शे 'र बनाया नहीं जा सकता। शे 'र बन कर आता है। ये बात और कि कई शोअरा में शाइरी का हुनर आते-आते इस क़दर आ भी जाता है कि वो फिर किसी भी मिज़ाज पर कोई भी शे 'र कह लेते हैं, लेकिन ये भी कोई आम हुनर और कम मुशक़्क़त का काम नहीं है। बशीर बद्र कहते हैं-

काग़ज़ में दब के मर गए कीड़े किताब के
दीवाना बे-पढ़े-लिखे मशहूर हो गया

अकबर इलाहाबादी कहते हैं-

दर्द को दिल में दे जगह अकबर
इल्म से शाइरी नहीं होती

यहाँ दोनों ही शाइर ये नहीं कहते कि अच्छी शाइरी के लिए इल्म दरकार ही नहीं, लेकिन इल्म भर से शाइरी नहीं होती। शाइरी महसूस करने की सिंफ़ है गोया एक उम्र महसूस करने में गुज़रती है तब अगली उम्र में शे 'र कहने का हुनर आता है। इल्म की बाबत एक उम्र तो दरकार है ही बल्कि कहने को ये भी कहा गया (शायद कोई 2000 साल पहले एक अरबी शायर इब्न-ए-रिशीक़ ने कहा) है कि जब तक दीगर शोअरा के कम-अज़-कम दो लाख शे 'र हाफ़िज़े (Memory) में दुरुस्त न हुए हों तब तक एक मिसरअ कहने का ख़याल भी बे-ईमानी है। बहरहाल ये ता 'दाद बहुत है और जदीद दौर इतनी साँस भी कहाँ लेने देता है। फिर भी ये बात ग़ौर करने की और दिल-ओ-दिमाग़ में बैठा लेने की है कि शाइरी के लिए बेजा मुशक़्क़त नहीं करनी चाहिए। महबूब ख़िज़ाँ कहते हैं-

बात ये है कि आदमी शाइर

या तो होता है या नहीं होता

या'नी शाइर होता है, बनता नहीं है और तो और शाइर अच्छा-बुरा भी नहीं होता। शाइर बस होता है या कि नहीं होता।

मेरे नज़्दीक अच्छे शे'र की तीन क़िस्मे हैं।

1. शे'र में मंज़र-कशी हो।

नासिर काज़मी का शे'र है

हमारे घर की दीवारों पे नासिर
उदासी बाल खोले सो रही है

ये शे'र पढ़ते ही उदासी का कोई चेहरा या कोई अक्स बनता नज़र आता है, गोया कोई तन्हा उदासी का मारा शख़्स ये शे'र पढ़े तो डर जाए। ऐन मुमकिन है कि वो दीवारों पर उदासी के बाल तलाशने लगे।

2. शे'र में तहदारी हो कि एक शे'र में कई मआनी निहाँ हों। ग़ालिब का एक आसान-सा शे'र है लेकिन उसमें कितने मआनी निहाँ हैं ये देखने की, समझने की, ग़ौर करने की और भौंचक रह जाने की बात है–

मिलना तेरा अगर नहीं आसाँ तो सहल है
दुश्वार तो यही है कि दुश्वार भी नहीं

लुग़वी म'आनी–

सहल- आसान, दुश्वार- मुश्किल

ग़ालिब कहते हैं। तुम्हारा मिलना अगर आसान नहीं है तो ये ज़ियादा आसान है कि तुम मिल जाओगे लेकिन तुम्हारे मिलने में दुश्वारी ये है कि कोई दुश्वारी ही नहीं है। इस शे'र में तेरा लफ़्ज़ और इस एक लफ़्ज़ के सबब ग़ालिब किसके मिलने की बात कर रहे हैं ये तक नहीं खुलता। ऐन मुमकिन है कि वो अपनी महबूबा से मुख़ातिब हों, ख़ुदा से मुख़ातिब हों, बहादुरशाह ज़फ़र से मुख़ातिब हों, किसी दोस्त से मुख़ातिब हों या कोई ऐसी शय जिसे आसानी से मिलना नहीं चाहिए था पर वो मिल रही है। अपने पीर, मुर्शिद से मुख़ातिब हों कि ख़ुद ही से और कहना चाहते हों कि ग़ालिब तुम्हारा मिलना आसान न होता तो ज़ियादा आसानी रहती लेकिन मुश्किल यही है कि तुम्हारा मिलना ही मुश्किल नहीं। कोई भी हो सकता है। मुद्दआ ये नहीं कि वो कौन है फ़लसफ़ा ये है कि वो कोई भी

हो जिसका मिलना आसान हो, वो मिल जाए तो उसकी कोई क़द्र नहीं होती। ग़ालिब ही इस फ़लसफ़े को ऐसे बयान कर सकते थे। आप ने देखा कि महज़ पन्द्रह अल्फ़ाज़ में ग़ालिब ने क्या-क्या न बयान कर दिया और शे'र में एक लफ़्ज़ ग़ैर ज़रूरी नहीं है।

3. **ज़बान का शे'र** या'नी ज़बान की बुनियाद पर रचा गया एक ख़ूबसूरत शे'र। इरफ़ान सिद्दीकी का एक शे'र है–

सियाह चश्म मिरी वहशतों पे तंज़ न कर
मैं क़ातिलों से ख़बर-दार रहना चाहता हूँ

लफ़्ज़ सियाह चश्म का इस्ते'माल देखिए कि महज़ ये दो लफ़्ज़ ही शे'र में रूह फूँकने का काम कर रहे हैं कि काली आँख मेरी वहशतों पर तंज़ न कर। तुझे काला तो इसके सबब किया कि मेरे दुश्मन तुझे न देख सकें गो कि मैं दुश्मनों से इस तरह होशियार रहना चाहता हूँ।

आपने तीनों तरह के अशआर की क़िस्में देखीं। मेरी उम्मीद मुताबिक़ समझने की पुरज़ोर कोशिश भी कर रहे होंगे कि एक अच्छा शे'र कैसा होता है।

शे'र कहते वक़्त सबसे अहम है आपका ख़याल, आपकी ज़बान और उसका इस्ते'माल और आपका अपना शे'र कहने का लहजा।

ख़याल पर गुफ़्तगू करें तो ख़याल अनपढ़ के नज़्दीक भी हैं और आलिम के भी। लेकिन ज़बान सबके नज़्दीक नहीं होती न ही उनके नज़्दीक होता है शे'र कहने का क़ुदरती हुनर और लहजा तो बनते-बनते बनता है।

ज़बान सीखने के लिए संजीदगी से आपको बे-इन्तेहा मुतालए की दरकार होगी। ये एक दिन का मसअला नहीं है। ज़बान धीरे-धीरे, थोड़ा-थोड़ा, पढ़ते-समझते, आते-आते आती है। ख़ासतौर से उर्दू ज़बान। दाग़ ने कहा है–

नहीं खेल ऐ दाग़ यारों से कह दो
कि आती है उर्दू ज़बाँ आते आते

अच्छा शे'र वो होता है जिसमें आप अपने ज़ेह्न में उतरा पूरा का पूरा ख़याल जस का तस तहरीर कर पाए हों। आपके शे'र में अल्फ़ाज़ का इंतेख़ाब इतना पुख़्ता होना चाहिए कि उससे एक लफ़्ज़ हटाने पर शे'र अपनी शे'रियत और मआनी तक से हाथ धो बैठे। बहुत ज़रूरी है कि आप अपने ख़याल को बयान

करने से पहले उसके सबसे नज़दीक मौजूद पुख़्ता मज़्मून तलाश कर लें। शे'र कहने से पहले हज़ार-हा सोचें कि क्या इसके इलावा और कुछ भी नहीं कहा जा सकता। अगर आपको गुंजाइश नज़र आती है तो आपको चाहिए कि आप अपने ख़याल को शे'र करने से पहले और वक़्त दीजिए।

ग़ालिब का एक शे'र है–

गिला है शौक़ को दिल में भी तंगी-ए-जा का
गुहर में महव हुआ इज़्तिराब दरिया का

इस शे'र के ऊला मिसरे के लफ़्ज़ भी पर ग़ौर करिए। पूरे शे'र का दारोमदार इस इकलौते लफ़्ज़ भी' के कन्धों पर है। हम भी की जगह शे'र में कोई भी दीगर लफ़्ज़ नज़्म नहीं कर सकते हैं। हम चाहें कि मिसरअ यूँ कर दें कि गिला है शौक़ को दिल में 'यूँ' तंगी-ए-जा का और इतने ही में शे'र की तमाम ख़ूबसूरती जाती रहेगी। जब कि शे'र का मफ़हूम ही लफ़्ज़ भी पर टँगा है कि ग़ालिब कह रहे हैं- उस दिल में जहाँ ज़माने भर के रंज-ओ-ग़म, हज़ारों राज़, यादें न जाने क्या-क्या समा जाता है उस दिल में 'भी 'मेरे शौक़ को जगह कम पड़ जाने की शिकायत है और ये ऐसा है जैसे किसी अदने से मोती में पूरे दरिया की व्याकुलता समाई जा रही हो।

एक और मिसाल देखते हैं–

न जाने उँगली छुड़ा कर चला गया है कहाँ
बहुत कहा था ज़माने से साथ-साथ चले
–गुलज़ार

इस शे'र में हम लफ़्ज़ से की जगह के कर के देखते हैं–

न जाने उँगली छुड़ा कर चला गया है कहाँ
बहुत कहा था ज़माने के साथ-साथ चले

अब दोनों शे'र पढ़िए। क्या दोनों के मआनी में ज़मीन-आसमान का फ़र्क़ नहीं हो गया है?

देखते हैं कैसे–

पहले शे'र में- शाइर की निराशा के साथ-साथ उसकी अपनी एक अकड़ है कि वो कह रहा है- पता नहीं मेरी उँगली छुड़ा कर ज़माना कहाँ चला गया है। मैंने तो उस से ख़ूब कहा था कि मेरे साथ-साथ चले। निराशा ये कि मैंने कहा था कि साथ चले पर चला गया। ख़ैर चला गया तो चला गया।

दूसरे शे'र में– शाइर किसी ज़माने की नहीं बल्कि किसी उस शख़्स की बात कर रहा है जिससे उसे इस बात की शिकायत है कि वो ऊँगली छुड़ा कर न जाने कहाँ चला गया है। मैंने तो ख़ूब कहा था कि ज़माने 'के' साथ-साथ चले। यहाँ निराशा ज़ियादा है कि मैंने तो उसे ख़ूब समझाया था कि ज़ियादा तेज़ मत भागो ये दुनिया है। मारे जाओगे पर वो कमबख़्त तो चला गया।

यहाँ लफ़्ज़ के की वज्ह से शे'र का मतलब ही नहीं बदला बल्कि शे'र हल्का भी हो गया।

मुझे यक़ीन है कि शे'र कैसे कहें के बा'द अच्छा शे'र कैसे कहें की तफ़्सील पढ़ कर आप शे'र कहने के मुतअल्लिक़ तमाम अहम बातें समझ चुके होंगे।

If Poetry comes not as naturally as the leaves to a tree it had better not come at all.

-John Keats.

अदबी इस्तेलाहात, इल्म-ए-बयाँ के कुछ रुक्न (प्रकार) उनके इस्तेलाही नाम और उनकी तफ़्सीलात

तश्बीह

तश्बीह या'नी उपमा। एक चीज़ को किसी दूसरी चीज़ की उपमा देना या उसे उसकी मानिंद क़रार देना तश्बीह देना कहलाता है, बशर्ते जिस चीज़ के साथ तश्बीह दी जा रही है उसमें उस ख़ूबी का ज़ियादा होना ज़रूरी है अगर ऐसा नहीं होता तब उसे तश्बीह नहीं बल्कि तशाबा कहा जाता है।

जैसे–

–अगर हम कहें की लफ़्ज़ा के लब गुलाब की पंखुड़ी की तरह हैं, तब इसे तश्बीह देना कहा जाएगा।

–अगर हम कहें कि लफ़्ज़ा के लब सिमोना के लबों की तरह हैं, तब इसे तशाबा कहा जाएगा।

(यहाँ लफ़्ज़ा और सिमोना दो लड़कियों के नाम हैं।)

तश्बीह के कुल अर्कान (प्रकार) पाँच होते हैं–

मुशब्बा- जिसे तश्बीह दी जाए या'नी मुशब्बा हुआ- लफ़्ज़ा।

मुशब्बा बेह या मुशब्बा बेही– जिस चीज़ से तश्बीह दी जाए या'नी मुशब्बा बेह या मुशब्बा बेही हुआ- गुलाब की पंखुड़ी ।

वज्ह-ए-तश्बीह– चूँकि फूलों की पंखुड़ी ख़ूबसूरत होती है इसी लिए वज्ह-ए-तश्बीह हुआ- ख़ूबसूरती ।

हर्फ़-ए-तश्बीह या अदात-ए-तश्बीह– वो हर्फ़ जो तश्बीह के लिए

इस्ते'माल किए जाते हैं उन्हें हर्फ़-ए-तश्बीह कहते हैं या'नी यहाँ हर्फ़-ए-तश्बीह हुआ- की तरह।

ग़रज़-ए-तश्बीह– जिस ग़रज़ (उद्देश्य) से तश्बीह दी जाए उसे ग़रज़-ए-तश्बीह कहते हैं। जैसे- यहाँ गुलाब की पंखुड़ी की नाज़ुकी, रंगत और उसकी ख़ूबसूरती वग़ैरा ग़रज़-ए-तश्बीह कहलाएँगे।

मिसाल के तौर पर एक शे'र देखते हैं–

नाज़ुकी उसके लब की क्या कहिए
पंखुड़ी इक गुलाब की सी है
–मीर

इस शे'र में–

मुशब्बा- उसके लब

मुशब्बा बेह- गुलाब की पंखुड़ी

वज्ह-ए-तश्बीह- ख़ूबसूरती

हर्फ़-ए-तश्बीह- की सी

ग़रज़-ए-तश्बीह- गुलाब की पंखुड़ी की नाज़ुकी, रंगत और उसकी ख़ूबसूरती वग़ैरा।

इस्तिआरा

इस्तिआरा या'नी रूपक तश्बीह जैसा ही होता है लेकिन दोनों में एक ख़ास फ़र्क़ ये है कि जब किसी चीज़ को किसी चीज़ के जैसा क़रार दिया जाए तो उसे तश्बीह और जब किसी चीज़ को मुवाज़ना और तश्बीह से आगे उसे वही चीज़ क़रार कर दें जैसे- फ़लाँ लड़की चाँद है। ता'रीफ़ करने की यही सूरत इस्तिआरा (metaphor) कहलाती है।

एक शे'र में बुनियादी तौर पर तीन बातें होती हैं–

मआनी

मज़्मून

इस्तिआरा

मआनी से मुराद शे'र के मज़्मून की वज़ाहत है, मज़्मून से मुराद उस मौज़ूअ की है जिसका ज़िक्र शे'र में हो या शे'र जिसके बारे में हो और वो शे'र उस पर मबनी (आधारित / based) हो। बाज़-दफ़आ मज़्मून इस्तिआरे का काम करता है, लेकिन हमेशा ऐसा ज़रूरी नहीं बल्कि बहुत बार कोई ग़ैर-इस्तिआराती लफ़्ज़ भी मज़्मून का किरदार अदा कर सकता है बशर्ते वो शे'र के मआनी में इज़ाफ़ा करता हो।

मिसाल के तौर पर–

अब भी है साहिलीयत-ए-जान-ओ-बदन वही
दरिया में उसके साथ उतरने के बावजूद
–फ़रहत एहसास

इस शे'र में 'साहिलीयत' लफ़्ज़ ग़ैर-इस्तिआराती होने के बावजूद मज़्मून का काम कर रहा है और शे'र के मआनी में इज़ाफ़ा भी कर रहा है। देखा जाए तो इस शे'र में जान-ओ-बदन, दरिया, उसका साथ और दरिया में उतरना, ये चारों

चीज़ें शे'र में मज़्मून का काम कर रही हैं लेकिन शे'र इनमें से किसी मज़्मून पर मबनी नहीं है।

दरिया में उसके साथ उतरने के बावजूद जान-ओ-बदन की 'साहिलियत' (किनारा-पन, हालाँकि ये लफ़्ज़ किसी लुग़त में पढ़ने को नहीं मिलता। मेरे ख़याल से इसे फ़रहत साहब की ईजाद कहना चाहिए।) वही है। या'नी शे'र का जो मआनी खुलता है, वो लफ़्ज़-ए-साहिलीयत से खुलता है।

दूसरी मिसाल–

न कोई दाग़ न धब्बा न हरारत न तपिश
चाँद-सूरज से भी ये माह-जबीं अच्छे हैं

–मुज़्तर ख़ैराबादी

इस शे'र में 'माह-जबीं' लफ़्ज़ इस्तिआराती भी है और मज़्मून का काम भी कर रहा है। बल्कि माह-जबीं एक ऐसा रिवायती इस्तिआरा है, जो अब तक लड़कियों की ख़ूब-सूरती को बयान करने के लिए इस्ते'माल किया जाता है जब कि माह का मतलब चाँद और जबीं का मतलब माथा होता है और माह-जबीं या'नी जिसका माथा चाँद जैसा हो। शे'र में कहा गया है, कि इन माह-जबीनों के न कोई दाग़ है, न धब्बा है, न कोई हरारत न गर्मी बल्कि चाँद में दाग़ होते हैं और सूरत में तपिश सो भी ये माह-जबीनें उनसे बेहतर हैं।

शाइरी में आम तौर पर इस्ते'माल किए जाने वाले इस्तिआराती लफ़्ज़-

माशूक़ा के चेहरे या बदन की ख़ूब-सूरती बयान करने लिए- चाँद, माह, माह से बना माह-पारा, माह जबीं, गुल, गुल से बना गुल-बदन, गुल-फ़िशाँ, गुलाब, पंखुड़ी वग़ैरा। माशूक़ा के लिए 'बुत' लफ़्ज़ इस्तिआरे के तौर पर बे-इन्तेहा राइज है। ज़ुल्फ़ों के लिए घटा, आँखों के लिए चराग़, नरगिस का फूल, आँसुओं के लिए समंदर, वीरानी के लिए जंगल, सहरा, दश्त वग़ैरा-वग़ैरा।

ये तमाम अल्फ़ाज़ इस्तिआरे क्यों हैं? कैसे बने?

1- माशूक़ा के चेहरे या बदन की ख़ूब-सूरती बयान करने लिए– चाँद, माह या माह से बना कोई लफ़्ज़ इसी लिए इस्तिआरा है क्यों कि चाँद देखने में सुंदर होता है और उसे चाहे कितनी देर देखते रहो, वो आँखों में नहीं चुभता। गुल, फूल या बर्ग-ए-गुल नाज़ुक और ख़ूब-सूरत होते हैं। यही तमाम ख़ूबियाँ माशूक़ा में भी होती है।

आ मेरे चाँद रात सूनी है
बात बनती नहीं सितारों से
–यूसुफ़ ज़फ़र

इस शे'र में एक मआनी ये है कि मुतकल्लिम चाँद देखना चाहता है और उसे सितारे पसंद नहीं। दूसरा ये कि उसे कम-अज़-कम रात में तो भीड़-भाड़ दुनिया-दारी से परे अपनी माशूक़ा की मौजूदगी हासिल हो।

बिन खिले मुरझा गईं कलियाँ चमन में किस क़दर
ज़र्द-रू किस दर्जा हाए माह-पारे हो गए
–गुलज़ार देहलवी

इस शे'र में कलियाँ, चमन और माह-पारे का इस्तिआरे के तौर पर इस ख़ूब-सूरती से इस्ते'माल हुआ है कि इसमें अपने सतही मआनी के इलावा दीगर मआनी भी निहाँ हैं।

कहा जा सकता है, कि इस जहान-ए-ख़राब (चमन) में कितने वजूद (कलियाँ) पुर-वजूद होने के क़ब्ल ही किस क़दर अपने वजूद से जाने लगे। उन वजूदों (माह-पारे या'नी चाँद के टुकड़ो) के चेहरे किस दर्जा पीले हो गए हैं।

अगर वो गुल-बदन दरिया नहाने बे-हिजाब आवे
तअज्जुब नईं कि सब पानी सती बू-ए-गुलाब आवे
–अब्दुल वहाब यकरू

अगर वो गुल-बदन या'नी फूलों जैसा नाज़ुक दरिया में नहाने के लिए बे-हिजाब आए, तो इसमें तअज्जुब की कोई बात ही नहीं होगी अगर दरिया का पूरा पानी गुलाब की तरह महक उठे।

2- बुत-माशूक़ा–

बुत या'नी मूरत और मूरत बे-हिस होती है, न वो हमसे बात करती है, न हमारी बात सुनती है और न उसे किसी बात से कोई फ़र्क़ पड़ता है, हू-बा-हू माशूक़ा के लिए भी कहा जाता है, कि वो बात नहीं सुनती और बुत की मानिंद ख़ामोश बनी रहती है।

या रब मिरी उस बुत से मुलाक़ात कहीं हो
जिस बात को जी चाहे है वो बात कहीं हो
–मुसहफ़ी ग़ुलाम हमदानी

इस शे'र में बुत माशूक़ा के लिए इस्तिआरे के तौर पर इस्ते'माल हुआ है। शे'र में कहा गया है कि मैं उस पत्थर से जो बात करना चाहता हूँ वो बात करने के लिए उससे मेरी कभी-कहीं तो मुलाक़ात हो।

3- घटा-ज़ुल्फ़–

जब घनी घटा छाती है, तो आसमान काला नज़र आने लगता है। मज़्मून के तौर पर मेहबूब की ज़ुल्फ़ें भी काली और घनी नज़्म की जाती हैं।

ज़ुल्फ़ घटा बन कर रह जाए आँख कँवल हो जाए
शायद उन को पल भर सोचें और ग़ज़ल हो जाए
–क़ैसर-उल जाफ़री

4- चराग़-आँख–

माँ की आँखें चराग़ थीं जिस में
मेरे हम-राह वो दुआ भी थी
–अमजद इस्लाम अमजद

5- आँसू-समंदर–

आँसुओं को समंदर का इस्तिआरा इसी लिए दिया जाता है क्योंकि समंदर बे-हद है और रोने के लिए आँखों में आँसुओं की भी कोई हद नहीं कि दुखों से पार पाना जान से जाना है और यूँ भी समंदर के पानी का स्वाद भी खारा होता है और आँसुओं का भी।

मैं ने जिन आँखों में देखे थे समंदर मौजज़न
उन में जो भी डूबने वाला मिले प्यासा मिले
–सादिक़ नसीम

6- जंगल, सहरा, दश्त वग़ैरा वीराने के इस्तिआरे के तौर पर इस्ते'माल होते हैं।

मिस्ल-ए-अब्र-ए-करम हम जहाँ भी गए दश्त के दश्त गुलज़ार बनते गए
ज़र्द चेहरे थे झुलसे हुए धूप से ताज़गी पा के गुलनार बनते गए
–मुजीब ख़ैराबादी

सहरा को बहुत नाज़ है वीरानी पे अपनी
वाक़िफ़ नहीं शायद मेरे उजड़े हुए घर से
–ख़ुमार बाराबंकवी

जंगल की वीरानी में
ख़ामोशी से गूँजा मैं
–ख़ुर्शीद रब्बानी

रम्ज़-ओ-किनाया

बयान में ब-ज़ाहिर कुछ भी कहने की बजाए उसे इशारे में कहना रम्ज़-ओ-किनाया कहलाता है। सबसे अहम ये कि बयान में जो मआनी ज़ाहिर हो वो भी सहीह हो जो निहाँ हो वो भी। दिलचस्प बात ये है कि सत्तर फ़ीसद से ज़ियादा उर्दू शाइरी रम्ज़-ओ-किनाया की शाइरी है।

जैसे–

सुन अय जुनूँ कि मुझमें नहीं कुछ सिवाय दम
तार एक रह गया है यही पैरहन के बीच
–मीर

इस शे'र में मीर ने अपनी बात का तमाम इज़हार इशारे में किया है कि सिवाय दम मुझमें कुछ नहीं रह गया। अब ये दम साँसें हैं कि ख़्वाहिश हैं कि क्या है हम तय नहीं कर सकते। ये जो दम है यही उनके शरीर (पैरहन का इस्तिआरा) का आख़िरी तार है। ये उधड़ा और उनका वजूद ख़त्म।

नक़्श फ़रियादी है किस की शोख़ी-ए-तहरीर का
काग़ज़ी है पैरहन हर पैकर-ए-तस्वीर का
–मिर्ज़ा ग़ालिब

ये शे'र भी रम्ज़-ओ-किनाया की बेहतरीन मिसाल है कि ग़ालिब ने इशारे में कहा कि नक़्श (इसे ख़ुद ग़ालिब का वजूद या इंसानी वजूद कह सकते हैं।) किसकी शोख़ी-ए-तहरीर का फ़रियादी है जब कि यहाँ तो हर शख़्स (पैकर-ए-तस्वीर) का बदन (पैरहन) काग़ज़ी है कि उसे तो ख़त्म होना ही है फिर कैसी आरज़ू, कैसी फ़रियाद, किससे फ़रियाद।

शाइरी में आज़ादी

शाइरी में आज़ादी क्या और कितनी ली जा सकती है ये समझना काफ़ी पेचीदा काम है। यूँ मानिए पाबंदी और आज़ादी के बीच एक बाल के बराबर का फ़र्क़ है। आज़ादी के क़तई मायने ये नहीं है कि कोई भी बात किसी भी तरीक़े से लिख या कह दी जाए और वो भी इसी लिए कि लिखने में काग़ज़, क़लम के इलावा ख़र्चा कोई नहीं है।

न! कभी नहीं।

दुनिया में हर काम का अपना क़ायदा है तो शाइरी का भी है।

शाइरी में आज़ादी का मतलब सिर्फ़ इतना है कि कोई शे'र कहते वक़्त किसी मजबूरी में अपने बेश-क़ीमती ख़याल को बचाने के लिए कोई क़ायदा या पाबंदी तोड़नी पड़ रही है तो ये गुनाह नहीं लेकिन ऐसा करते वक़्त आपका तर्ज़-ए-बयान इतना सधा हुआ होना चाहिए कि आपकी ग़लती या मजबूरन तोड़े गए किसी ख़ास क़ायदे को नज़र-अन्दाज़ किया जा सके।

आज़ादी ख़यालों की हो सकती है पैरामीटर्स की नहीं। एक बात आप ख़ुद ही समझने की कोशिश करिए कि कला क्या है? आपका ख़याल? अच्छा-बुरा सोच तो कोई भी सकता है, अपने ख़याल को लिख भी सकता है लोगों से साझा भी कर सकता है लेकिन उसे शाइरी की शक्ल मुहय्या करा पाना आसान काम नहीं, तो फिर महज़ ख़याल कला नहीं हुआ, न ही शाइरी हुआ। तो शाइरी क्या हुई?

- शाइरी हुई तमाम अरूज़ी पाबन्दियों के दायरे में रह कर अपनी सोच को पिरोना।

अगर आप ऐसा नहीं कर पाते हैं तो बहुत बड़ा-बड़ा सोचने और उसे बोलने के इवज़ में आपको दार्शनिक कहा जा सकता है शाइर नहीं।

अब एक मिसाल से हम इस पेचीदगी को समझने की कोशिश करते हैं।

ग़ालिब की एक ग़ज़ल है–

इब्न-ए-मरयम हुआ करे कोई
मेरे दुख की दवा करे कोई
शरअ-ओ-आईन पर मदार सही
ऐसे क़ातिल का क्या करे कोई
न सुनो गर बुरा कहे कोई
न कहो गर बुरा करे कोई
रोक लो गर ग़लत चले कोई
बख़्श दो गर ख़ता करे कोई
जब तवक़्क़ो ही उठ गई ग़ालिब
क्यूँ किसी का गिला करे कोई

इस ग़ज़ल के तीसरे और चौथे शे'र पर ग़ौर फ़रमाइए-

ग़ज़ल के क़वाफ़ी हैं हुआ, दवा, गिला वग़ैरा या'नी यह अलिफ़ आज़ाद का क़ाफ़िया हुआ और रदीफ़ हुआ करे कोई लेकिन ग़ज़ल के तीसरे और चौथे शे'र पर ग़ौर करें, तो हम पाते हैं कि वो भी अपने आप में मुकम्मल मतले की शक्ल में हैं, जहाँ सिलसिलेवार कहे, करे चले और करे क़ाफ़िए का और लफ़्ज़ कोई रदीफ़ का किरदार निभा रहा है। ये दोनों ही अशआर इज्तिमा-ए-रदीफ़ैन के ऐब की साफ़-सुथरी मिसाल हैं।

लेकिन क्या हम इन दोनों ही अशआर में कोई रद-ओ-बदल कर सकते हैं? आइए दोनों के ऊला मिसरे बदल कर देखते हैं–

1. न सुनो गर बुरा कहे कोई
न कहो गर बुरा करे कोई

न सुनो गर कोई कहे जो बुरा (क्या इस मिसरे में ग़ालिब के मिसरे सी रवानी है? बे-शक नहीं।)

या

न सुनो गर कहे बुरा जो कोई (क्या इस मिसरे में ग़ालिब के मिसरे सी रवानी है? बे-शक नहीं।)

या

न सुनो कोई गर बुरा जो कहे

2. रोक लो गर ग़लत चले कोई

बख़्श दो गर ख़ता करे कोई

गर ग़लत रोक लो चले कोई (ये रद-ओ-बदल तो शे'र के मआनी तक को निगल गई।)

या

जो ग़लत चलता हो उसे रोको (क्या इस मिसरे में ग़ालिब के मिसरे सी रवानी है? बे-शक नहीं।)

समझने की बात ये है कि ग़ज़ल का दारोमदार उसके आहंग पर है। आहंग कमज़ोर पड़ा तो अच्छे से अच्छे शे'र का लुत्फ़ ही जाता रहता है। इसी लिए हमें चाहिए कि सबसे पहले हम शे'र के आहंग उसकी रवानी को बरक़रार रखें। दूसरा ये कि क़ायदा तोड़ने से पहले हज़ार-हा ये सोचें कि क्या ये क़ायदा तोड़ना वाक़ई ज़रूरी है या हम महज़ मेहनत से बच रहे हैं।

इसे आप ऐसे समझने की कोशिश करें कि अरूज़ ट्रैफ़िक सिग्नल के इलावा कुछ नहीं है। जहाँ रेड सिग्नल मिलने पर हमें अपनी सवारी रोकना होती है, लेकिन एम्बुलेंस या फ़ायर ब्रिगेड के लिए ये पाबंदी या क़ानून लागू नहीं होता। या'नी बहुत बड़े ख़याल को बचाने के इवज़ में आप अरूज़ से कुछ बहुत मामूली आज़ादी ले सकते हैं। ये आज़ादी हर शाइर का ज़ाती हक़ है और ये फ़र्क़ समझ लेना (कि कब, कहाँ, कैसे और क्या आज़ादी ली जा सकती है।) अपने आप में शाइरी है, शाइर होने की अलामत है।

ग़ज़ल में महबूब मुज़क्कर

अगर देखा जाए तो ग़ज़ल में महबूब को बतौर मुज़क्कर (पुल्लिंग) पेश करने का कोई क़ायदा नहीं है।

चूँकि उर्दू ग़ज़ल में अरबी और फ़ारसी दोनों ज़बानों और उनकी रिवायतों का काफ़ी हद तक असर रहा गरचे देखा जाए तो अरबी के बजाए फ़ारसी मज़ीद क़ाबिज़ रही लिहाज़ा जैसे कि फ़ारसी में शे'र का मुतकल्लिम (मरकज़ी किरदार, नायक, Protagonist) ग़ैर जानिबदार (Neutral) रहता है, वैसे ही उर्दू में भी कर दिया गया क्योंकि अरबी शाइरी में महबूब को मुअन्नस (स्त्रीलिंग) लेने की रिवायत रही है।

वहीं एक तरफ़ ग़ज़ल को महबूब से बातें करने वाली सिंफ़ (विधा) भी कहा गया लेकिन महबूब के जिंस (Gender) का खुल कर इज़हार नहीं किया गया कि हम किसी लड़की ही की बात कर रहे हैं। इसकी कई वज्हें हैं एक तो यही कि अगर ग़ज़ल में फ़ारसी शाइरी की रिवायत की बात करें तो फ़ारसी में अमरद (जवान होते हुए वो लड़के जिनकी दाढ़ी नहीं आई होती थी बल्कि चेहरे पर हल्के-हल्के रोयें आना शुरूअ हुए होते हैं) को महबूब तसव्वुर कर के शे'र कहे जाते थे जैसे हाफ़िज़ का एक शे'र है–

अगर आँ तुर्क-ए-शीराज़ी बा-दश्त-आरद दिले-मा रा
बे-खाल-ए-हिंदू-यश बख़्शम समरक़ंदो-बोखारा रा

(या'नी अगर वो शीराज़ का जवाँ साल लड़का मेरे दिल को थाम ले तो मैं समरक़न्द और बुख़ारा की सल्तनतें उसके काले तिल पर वार दूँ।)

तो फ़ारसी से महबूब को मुज़क्कर के तौर पर पेश करने की रिवायत को अपनाने के पीछे एक मन्तिक़ ये भी थी कि लौंडों (इस लफ़्ज़ को हिक़ारत की नज़र से न देखें ये एक क़दीम और शाइरी में भरपूर इस्ते'माल किया गया लफ़्ज़

है।) से भी इश्क़ का इज़हार करने में भी आसानी हो जाती थी।

मीर का शे'र है–

मीर क्या सादा हैं बीमार हुए जिसके सबब
उसी अत्तार के लौंडे से दवा लेते हैं

(इस शे'र में मज़े की बात ये है कि यहाँ खुलता ही नहीं कि मीर ख़ुद अपनी बात कर रहे हैं या किसी दीगर शख़्स पर तंज़ कस रहे हैं।)

बहरहाल! एक वज्ह ये भी रही कि जब अरबी मुस्लिमों ने ईरान को जीत कर ईरानी लोगों और पहलवी भाषा का इस्लामीकरण किया तो मजबूरन मुस्लिम बने पारसियों ने अदब के हवाले से यूँ मुख़ालिफ़त शुरूअ की कि उन्होंने शाइरी में महबूब को मुज़क्कर कर दिया और इस्लाम में हराम शराब का इस्तिआरों और तश्बीहों के ज़रिए खुल कर इस्ते'माल करना शुरू कर दिया जिसने बा'द में होते-होते शाइरी में रिवायत की शक्ल ले ली।

अमीर ख़ुसरो की एक फ़ारसी की रुबाई है–

हिंदू बच्चा बीं के अजब हुस्न धरै छे
बर वक़्त सुख़न गुफ़्तन मुख फूर झरै छे
गुफ़्तम ज़ लब ए लाल ए तो एक बोसा बगीर-अम्
गुफ़्ता के अरे राम तुरक काईं करै छे

(उस हिंदू लड़के को देखिए जिसकी सुंदरता बे-मिसाल है कि बात करते हुए उसकी ज़बान से फूल झड़ते हैं जब मैंने उससे कहा कि मुझे अपने फूल जैसे लाल होंठों का चुंबन दे दो, तो वो कहने लगा कि हाए राम ये तुर्क क्या कर रहा है।)

एक और पहलू देखते हैं कि वो भी इतना ही दिलचस्प है। बहुत से ऐसे शे'र हैं जहाँ महबूब का जिंस अगर साफ़ कर दिया जाए या'नी उनका इज़हार खुल कर कर दिया जाए तो वो बहुत हल्के और मामूली शे'र मालूम होंगे मिसाल के तौर पर कुछ शे'र देखिए–

कब वो सुनता है कहानी मेरी
और फिर वो भी ज़बानी मेरी

या'नी ग़ालिब ने अपनी बात इस लहजे में कही कि दोस्त, यार, ख़ुदा, महबूब, दुनिया सभी के लिए एक ही शे'र काफ़ी है लेकिन अगर हम इसी शे'र

को यूँ कर दें कि–

कब वो सुनती है कहानी मेरी
और फिर वो भी ज़बानी मेरी

तब हम देख रहे हैं कि ये शे'र मामूली नहीं बल्कि बहुत मामूली शे'र हो गया है या'नी इतना कि ग़ालिब को जो एक आम-सी बात किसी से कहनी थी उसे वो जबरन शे'र की सूरत दे रहे हैं।

मोमिन की एक ही ग़ज़ल के दो शे'र देखिए–

तुम हमारे किसी तरह न हुए
वर्ना दुनिया में क्या नहीं होता

अब वो तुम कौन है ये रहस्य है- वो ख़ुदा है कि दोस्त कि महबूब लेकिन अगर वो कहते कि तू हमारी किसी तरह न हुई या तुम हमारी किसी तरह न हुईं तो बात सिर्फ़ एक ही जगह जाती हुई मालूम पड़ती है और शे'र का म'आनी एक ही ज़ाविए तक महदूद हो कर रह जाता है लेकिन फिर भी शे'र बहुत कमज़ोर होता मालूम नहीं पड़ता लेकिन अगर हम इसी ग़ज़ल के दूसरे शे'र की बात करें–

तुम मेरे पास होते हो गोया
जब कोई दूसरा नहीं होता

ये कितना बड़ा और मा'नी-खेज़ शे'र है, जिसके बारे में एक जुमला भी मशहूर है कि ग़ालिब ने कहा था कि अगर मोमिन मुझे अपना ये शे'र दे दे, तो मैं बदले में उसे अपना पूरा दीवान दे सकता हूँ लेकिन अगर इसी शे'र को यूँ कर दें कि–

तुम मेरे पास होती हो गोया
जब कोई दूसरी नहीं होती

तो शे'र न केवल कमज़ोर बल्कि वाहियात भी हो जाता है कि फिर शायद इस शेर को पूछने वाला कोई न होता।

कुल जमअ बात ये है कि शे'र के दायरे को और भी तफ़्सील बख़्शने के लिहाज़ से भी महबूब के जेंडर को खुल कर बयान नहीं किया जाता है लेकिन जब ज़रूरत होती है, तो शाइर ऐसा करते हैं।

जैसे–

आप वो जी मगर ये सब क्या है
तुम मेरा नाम क्यूँ नहीं लेतीं

–जौन एलिआ

सोच कर देखिए कि क्या इस शे'र में ऐसी कोई गुंजाइश है कि कहा जा सके–

आप वो जी मगर ये सब क्या है
तुम मेरा नाम क्यूँ नहीं लेते

या

तू मेरा नाम क्यूँ नहीं लेता

शायद नहीं!

अब एक आख़िरी बात कि 'महबूब' लफ़्ज़ कैसे बना?

अरबी का लफ़्ज़ है हुब्ब या'नी मुहब्बत। हुब्ब से बना- हबीब, अहिब्बा, अहबाब, मुहब्बत, महबूब और फिर बहुत बा'द आया महबूबा जब कि इस लफ़्ज़ की कोई ख़ास ज़रूरत नहीं थी क्यूँ कि महबूब (Male-Female) कोई भी हो सकता है लेकिन अगर ये लफ़्ज़ है तो कोई बुराई भी नहीं है।

निदा फ़ाज़ली का शे'र है–

कर्गिल और कश्मीर ही तेरे नाम हों क्यूँ
भाई बहन महबूबा बेटी या अल्लाह

जावेद अख़्तर का शे'र है–

अपनी महबूबा में अपनी माँ देखें
बिन माँ के लड़कों की फ़ितरत होती है

नज़्म

नज़्म के लुग़वी मआनी तार में मोती पिरोने के हैं। किसी एक ही ख़याल एक ही मज़्मून को तसलसुल (Continuity) से बयान करने को नज़्म कहते हैं। यही सबब है कि नज़्मों के उन्वान (Title) भी होते हैं। ग़ज़ल और नज़्म में बुनियादी फ़र्क़ ये होता है कि ग़ज़ल का हर शे'र मुख़्तलिफ़ मौज़ूअ पर होता है पर नज़्म का मज़्मून एक ही होता है। ग़ज़ल को हम नज़्म नहीं कह सकते क्यूँ कि उसका उन्वान तय कर पाना ना-मुमकिन है। हम चाहें तो कह सकते हैं कि ग़ज़ल का हर शे'र अपने आप में नज़्म होता है और उसके हर मुख़्तलिफ़ शे'र को उन्वान दे सकते हैं लेकिन ये क़तई बेतुकी बात होगी। जिस तरह से हम तमाम अदब को नस्त्र और शाइरी में तक़्सीम कर सकते हैं उसी तरह से हम तमाम शाइरी को ग़ज़ल और नज़्म में तक़्सीम कर सकते हैं। ग़ज़ल के इलावा शाइरी की हर एक सिंफ़ नज़्म कहलाती है। फिर चाहे वो बैत हो, क़तआ हो, रुबाई हो, मसनवी हो, मुख़म्मस हो, क़सीदा हो, सहरा हो, नौहा हो कोई भी सिंफ़ हो। उर्दू शाइरी की ये तमाम सिन्फ़ें पाबंद नज़्म के दायरे में आती हैं।

उमूमन नज़्में तीन तरह की होती हैं–

1. पाबंद नज़्म
2. आज़ाद नज़्म
3. नस्त्री नज़्म

पाबंद नज़्म

पाबंद नज़्म के क़ायदे ग़ज़ल ही की मानिंद हैं कि इसमें ग़ज़ल ही की तरह रदीफ़, क़ाफ़िए और बह्र की पाबंदी होती है। पाबंद नज़्म की कई क़िस्में हैं- बैत, क़तआ, मसनवी, रुबाई, मुख़म्मस, क़सीदा, सहरा, नौहा लेकिन दौर-ए-हाज़िर में

पाबंद नज़्म की मशहूर-तरीन और राइज सिन्फ़ें बैत और क़तआ-बंद नज़्में ही हैं।

1. बैत– दो-दो मिसरों में शे'र दर शे'र कही गई नज़्म जिसमें शे'र के पहले मिसरे में क़ाफ़िया नहीं होता और दूसरे में होता है। इस नज़्म में मतलअ हो भी सकता है और नहीं भी। मिसाल के तौर पर मजाज़ लखनवी की नज़्म आज की रात के चंद अशआर नीचे दर्ज किए गए हैं।

आज की रात

देखना जज़्ब-ए-मुहब्बत का असर आज की रात
मेरे शाने पे है उस शोख़ का सर आज की रात

और क्या चाहिए अब अय दिल-ए-मजरूह तुझे
उस ने देखा तो ब-अन्दाज़-ए-दिगर आज की रात

फूल क्या ख़ार भी हैं आज गुलिस्ताँ-ब-कनार
संग-रेज़े हैं निगाहों में गुहर आज की रात

महव-ए-गुलगश्त है ये कौन मेरे दोश-ब-दोश
कहकशाँ बन गई हर राहगुज़र आज की रात

उन के अल्ताफ़ का इतना ही फ़ुसूँ काफ़ी है
कम है पहले से बहुत दर्द-ए-जिगर आज की रात
–मजाज़ लखनवी

अल्लामा इक़बाल की नज़्म तराना-ए-हिन्द' (सारे जहाँ से अच्छा हिन्दोस्ताँ हमारा) भी बैत की ख़ूबसूरत मिसाल है।

2. क़तआ बंद– दो-दो शे'र के जोड़े में कही गई नज़्म जिसमें दूसरे और चौथे मिसरे में क़ाफ़िया होता है। मिसाल के तौर पर साहिर लुधियानवी की क़तआ बंद नज़्म तेरी आवाज़ के चंद बंद नीचे दर्ज किए गए हैं।

तेरी आवाज़

रात सुनसान थी बोझल थीं फ़ज़ा की साँसें
रूह पर छाए थे बे-नाम ग़मों के साए
दिल को ये ज़िद थी कि तू आए तसल्ली देने
मेरी कोशिश थी कि कमबख़्त को नींद आ जाए

देर तक आँखों में चुभती रही तारों की चमक
देर तक ज़ेहन सुलगता रहा तन्हाई में
अपने ठुकराए हुए दोस्त की पुर्सिश के लिए
तू न आई मगर उस रात की पहनाई में
अब तेरा प्यार सताएगा तो मेरी हस्ती
तिरी मस्ती भरी आवाज़ में ढल जाएगी
और ये रूह जो तेरे लिए बेचैन सी है
गीत बन कर तेरे होंठों पे मचल जाएगी
तेरे नग़्मात तेरे हुस्न की ठंडक ले कर
मेरे तपते हुए माहौल में आ जाएँगे
चंद घड़ियों के लिए हूँ कि हमेशा के लिए
मिरी जागी हुई रातों को सुला जाएँगे
–साहिर

नोट– बैत और क़तआ-बंद नज़्म में अशआर की ता'दाद की कोई पाबंदी नहीं है।

1. मुख़म्मस– पाँच-पाँच मिसरों के इज्तिमाअ में कही जाने वाली ऐसी नज़्म जिसके शुरूआती चार मिसरे क़तआ बंद और हर बंद का पाँचवाँ मिसरा हम क़ाफ़िया और हम रदीफ़ (अगर है तो) होता है।

मिसाल–

एक शाम

क़ुमक़ुमों की ज़हर उगलती रौशनी
संग-दिल पुर-हौल दीवारों के साए
आहनी बुत देव-पैकर अजनबी
चीख़ती चिंघाड़ती ख़ूनीं सराए
रूह उलझी जा रही है क्या करूँ
चार जानिब इर्तिआश-ए-रंग-ओ-नूर
चार जानिब अजनबी बाँहों के जाल
चार जानिब ख़ूँ-फ़िशाँ परचम बुलंद
मैं मिरी ग़ैरत मेरा दस्त-ए-सवाल

ज़िंदगी शरमा रही है क्या करूँ
कार-गाह-ए-ज़ीस्त के हर मोड़ पर
रूह-ए-चंगेज़ी बर-अफ़गन्दा-नक़ाब
थाम अय सुब्ह जहान-ए-नौ की ज़ौ
जाग अय मुस्तक़बिल-ए-इंसाँ के ख़्वाब
आस डूबी जा रही है क्या करूँ
–साहिर

नोट– मुख़म्मस में पाँच-पाँच मिसरों के इज्तिमाअ के बंद की ता'दाद की कोई पाबंदी नहीं है, लेकिन हर बंद (जितने भी बंद कहे जाएँ) के पाँचवें मिसरे का क़ाफ़िया और रदीफ़ (अगर है तो) पहले बंद के पाँचवें मिसरे के क़ाफ़िए और रदीफ़ की बुनियाद पर ही तय होंगे। जैसा कि इस नज़्म में हमने देखा कि पाँचवें मिसरे के क़ाफ़िए सिलसिलेवार जा, शरमा, और जा हैं और रदीफ़ रही है क्या करूँ है।

2. मुसद्दस– तीन-तीन मतलों के इज्तिमाअ में कही गई नज़्म जिसमें शुरूआती दो मतले हम क़ाफ़िया और हम रदीफ़ होते हैं और आख़िरी या'नी तीसरे मतले के बदल जाते हैं। मिसाल के तौर मजाज़ लखनवी की नज़्म ऐ'तिराफ़ के कुछ बंद नीचे दर्ज किए गए हैं।

ऐ'तिराफ़

अब मेरे पास तुम आई हो तो क्या आई हो
मैं ने माना कि तुम इक पैकर-ए-रानाई हो
चमन-ए-दहर में रूह-ए-चमन-आराई हो
तलअत-ए-मेहर हो फ़िरदौस की बरनाई हो
बिंत-ए-महताब हो गर्दूं से उतर आई हो
मुझ से मिलने में अब अंदेशा-ए-रुस्वाई है
मैं ने ख़ुद अपने किए की ये सज़ा पाई है
मेरे साए से डरो तुम मिरी क़ुर्बत से डरो
अपनी जुरअत की क़सम अब मेरी जुरअत से डरो
तुम लताफ़त हो अगर मेरी लताफ़त से डरो
मेरे वादों से डरो मेरी मुहब्बत से डरो

अब मैं अल्ताफ़ ओ इनायत का सज़ा-वार नहीं
मैं वफ़ादार नहीं हाँ मैं वफ़ादार नहीं
–असरार-उल-हक़ मजाज़

नोट– मुसद्दस में बंद की ता'दाद कितनी भी हो सकती है। इसकी कोई पाबंदी नहीं है।

कुछ और सिंफ़-ए-सुख़न जिन्हें हम पाबंद नज़्म कह सकते हैं।

1. **रुबाई-** सिर्फ़ चार मिसरों में कही जाने वाले वाली नज़्म जिसमें पहला, दूसरा और चौथा मिसरा हम-क़ाफ़िया और हम रदीफ़ (रदीफ़ की कोई पाबंदी नहीं है) होना लाज़िमी है ज़रूरी है कि इसका तीसरा मिसरा इतना पुर-ज़ोर होना चाहिए कि तमाम रुबाई का मज़्मून उसमें सिमट जाए।

मिसाल–

आँखों में वो रस जो पत्ती पत्ती धो जाए
ज़ुल्फ़ों के फ़ुसूँ से मार-ए-सुम्बुल सो जाए
जिस वक़्त तू सैर-ए-गुलिस्ताँ करता हो
हर फूल का रंग और गहरा हो जाए
–फ़िराक़ गोरखपुरी

नोट– रुबाई के 24 मुख़्तलिफ़ औज़ान मुक़र्रर किए गए हैं।

2. **क़सीदा-** क़सीदा उस मुसलसल और पाबंद नज़्म को कहते हैं जिसके पहले शे'र के दोनों और बाक़ी के तमाम अशआर के दूसरे मिसरे हम क़ाफ़िया और हम रदीफ़ (रदीफ़ की कोई पाबंदी नहीं है) होते हैं। क़सीदे में इरादतन किसी की ता'रीफ़ या मज़म्मत की जाती है। अगर ता'रीफ़ की जाए, तो उसे मदीया और मज़म्मत हो, तो उसे हिजबिया कहा जाता है।

मिसाल–

रफ़्तार में औरंग-ए-सुलेमाँ है ये घोड़ा
प् सीरत-ओ-ख़िलक़त में तो इन्साँ है ये घोड़ा
चमकाते ही जाता है ज़मीं से जो फ़लक पर

सब कहते हैं ख़ुरशाद-ए-दरख़्शाँ है ये घोड़ा
है जलवा तमाशा-ए-जहाँ चाँद की मानिंद
रुतबे में फ़लक से भी दो-चन्दाँ है ये घोड़ा
गर्दन ये बुलंद उसकी है गुलशन में जो गुज़रा
क़ुमरी ने कहा सर्व-ए-ख़िरामाँ है ये घोड़ा
आता है पसीना जो उसे आब-ए-बक़ा है
हैवाँ है तो क्या चश्मा-ए-हैवाँ है ये घोड़ा

(मशहूर शाइर नासिख़ के क़सीदे का एक टुकड़ा)

नोट– क़सीदे में अशआर की ता'दाद की कोई पाबंदी नहीं है।

3. मसनवी– किसी भी दास्तान, क़िस्से या किसी भी रज़मीए को तमाम तर तफ़्सीलात के साथ मतला-दर-मतला (लेकिन हर मतले के रदीफ़, क़ाफ़िया मुख़्तलिफ़ होंगे) बयान करना मसनवी कहलाता है। मसनवी के कई बाब हो सकते हैं। मसनवी एक तरह से हिंदी की काव्य विधा काव्य-खण्ड या महाकाव्य से मिलती जुलती है।

मिसाल–

होली

आज है रोज़-ए-वसंत अय दोस्ताँ
सर्व-क़द है बोस्ताँ के दरमियाँ

सब के तन में है लिबास-ए-केसरी
करते हैं सद-बर्ग सूँ लब हम-सरी
ख़ूब-रू सब बन रहे हैं लाल ज़र्द
बाग़ का बाज़ार है इस वक़्त सर्द
चाँद जैसा है शफ़क़ भीतर अयाँ
चेहरा सब का अज़-गुलाल आतिश-फ़िशाँ
हर छबेली अज़-लिबास-ए-केसरी
ताज़ा करती है बहार-ए-जाफ़री
नाचती गा-गा के होली दम-ब-दम

ज्यूँ सभा इंदर की दर बाग़-ए-इरम
ज्यूँ झड़ी हर सू है पिचकारी की धार
दौड़ती हैं नारियाँ बिजली के सार
जोश-ए-इशरत घर-ब-घर है हर तरफ़
नाचती हैं सब तकल्लुफ़-बर-तरफ़
–फ़ाइज़ देहलवी

(मौलाना रूमी, मीर वग़ैरा असातेज़ा की मसनवी पढ़ कर ये सिंफ़ और अच्छे से समझी जा सकती हैं।)

नोट– मसनवी में मतलों की ता'दाद की कोई पाबंदी नहीं है।

4. मर्सिया- तीन-तीन मतलों के इज्तिमाअ में कही गई नज़्म जिसमें शुरूआती दो मतले हम क़ाफ़िया और हम रदीफ़ होते हैं और आख़िरी या'नी तीसरे मतले के बदल जाते हैं। मर्सिया कर्बला की जंग में हुसैन की हार, उनकी क़ुर्बानी पर दुःख (या किसी भी क़िस्म के दुःख) का इज़हार करने के लिए कहा जाता है। मिसाल के तौर पर मीर अनीस के मर्सिए (दश्त-ए-विग़ा में नूर-ए-ख़ुदा का ज़ुहूर है) के चंद बंद नीचे दर्ज किए गए हैं।

दश्त-ए-विग़ा में नूर-ए-ख़ुदा का ज़ुहूर है
दश्त-ए-विग़ा में नूर-ए-ख़ुदा का ज़ुहूर है
ज़र्रों में रौशनी-ए-तजल्ली-ए-तूर है
इक आफ़्ताब-ए-रुख़ की ज़िया दूर दूर है
कोसों ज़मीन अक्स से दरिया-ए-नूर है
अल्लाह-रे हुस्न तबक़ा-ए-अंबर-सरिश्त का
मैदान-ए-कर्बला है नमूना बहिश्त का
हैराँ ज़मीं के नूर से है चर्ख़-ए-लाजवर्द
मानिंद-ए-कहरुबा है रुख़-ए-आफ़्ताब-ए-ज़र्द
है रू-कश-ए-फ़ज़ा-ए-इरम वादी-ए-नबर्द
उठता है ख़ाक से ततक़-ए-नूर जा-ए-गर्द
हैरत से हामिलान-ए-फ़लक उन को तकते हैं
ज़र्रे नहीं ज़मीं पे सितारे चमकते हैं

है आब-ए-नहर सूरत-ए-आईना जल्वा-गर
ताबाँ है मिस्ल-ए-चश्मा-ए-ख़ुर्शीद हर भँवर
लहरें बिसान-ए-बर्क़ चमकती हैं सर-ब-सर
पानी पे मछलियों की ठहरती नहीं नज़र
ये आब-ओ-ताब है कि गुहर आब आब हैं
दरिया तो आसमाँ हैं सितारे हुबाब हैं
–मीर अनीस

नोट– मर्सिया में बन्दों की ता'दाद की कोई पाबंदी नहीं है।

आज़ाद नज़्म

वह नज़्म जिसमें बह्र के इलावा कोई और पाबंदी (रदीफ़, क़ाफ़िए की भी) नहीं होती. सन 1944 के आस-पास मख़्दूम मोहिउद्दीन के इलावा किसी भी तरक़्क़ी-पसंद नज़्म निगार साहिर, कैफ़ी आज़मी, या अली सरदार जाफ़री किसी ने भी आज़ाद शाइरी शुरूअ नहीं की थी पर कुछ जानकार यह भी कहते हैं कि आज़ाद नज़्म 1928-1931 के आस-पास कही जा चुकी थी लेकिन उतनी राइज नहीं हुई थी। उसके बाद धीरे-धीरे आज़ाद नज़्म कहने का सिलसिला शुरूअ हुआ।

जैसा कि मैंने आपको बताया कि आज़ाद नज़्म में रदीफ़, क़ाफ़िए की कोई पाबंदी नहीं होती बावजूद इसके अगर कहीं कोई क़ाफ़िया मिल जाए तो उसे ऐब की नज़र से नहीं बल्कि हुस्न-ए-इज़ाफ़ी की नज़र से देखते हैं। आज़ाद नज़्म में तय-शुद बह्र के अर्कान में कम-ओ-बेशी की जा सकती है जैसे किसी मिसरे में हम 3 अर्कान लेते हैं किसी में 5 किसी में 2 या किसी में 1 लेकिन अगर सारे के सारे मिसरे बराबर अर्कान में हैं तब भी इसे कोई ऐब नहीं माना जाएगा। अर्कान को तोड़ने का सिलसिला इसके बाद शुरूअ हुआ।

मिसाल के तौर पर कुछ आज़ाद नज़्में देखते हैं–

पास रहो
तुम मेरे पास रहो
मेरे क़ातिल मेरे दिलदार मेरे पास रहो
जिस घड़ी रात चले
आसमानों का लहू पी के सियह रात चले

मरहम-ए-मुश्क लिए नश्तर-ए-अल्मास लिए
बैन करती हुई हँसती हुई गाती निकले
दर्द के कासनी पाज़ेब बजाती निकले
जिस घड़ी सीनों में डूबे हुए दिल
आस्तीनों में निहाँ हाथों की रह तकने लगे
आस लिए
और बच्चों के बिलकने की तरह क़ुलक़ुल-ए-मय
बहर-ए-ना-सूदगी मचले तो मनाए न मने
जब कोई बात बनाए न बने
जब न कोई बात चले
जब घड़ी रात चले
जिस घड़ी मातमी सुनसान सियह रात चले
पास रहो
मेरे क़ातिल मेरे दिलदार मेरे पास रहो
–*फ़ैज़*

ये नज़्म बह्र-ए-रमल मुसम्मन मख़बून महज़ूफ़ (फ़ाइलातुन, फ़इलातुन, फ़इलातुन, फ़ेलुन- 2122, 1122, 1122, 22) के वज़्न पर कही गई है लेकिन इसके मुख़्तलिफ़ मिसरे इसी बह्र की मुख़्तलिफ़ अर्कान में हैं।

तुम मेरे पास रहो (2122, 112)
मेरे क़ातिल मेरे दिलदार मेरे पास रहो (2122, 1122, 1122, 112)
जिस घड़ी रात चले (2122, 112)
आसमानों का लहू पी के सियह रात चले (2122, 1122, 1122, 112)
मरहम-ए-मुश्क लिए नश्तर-ए-अल्मास लिए (2122, 1122, 1122, 112)
पास रहो (2, 112)

बाक़ी के मिसरों की तक़्तीअ आप ख़ुद कर के देखिए।

आज़ाद नज़्म की कुछ और क़िस्में हैं जो तीन मिसरों में कही जाने वाली नज़्में हैं, जिसमें कुल तीनों मिसरे हम-वज़्न होना लाज़िमी है–

1. सलासी (उर्दू सिंफ़)
2. माहिया (पंजाबी सिंफ़)
3. त्रिवेणी (उर्दू-हिंदी सिंफ़, गुलज़ार की ईजाद)
4. हाइकु (जापानी सिंफ़)

नस्री नज़्म

नस्र से बना नस्री या'नी नस्र-नुमा या'नी नस्र की शक्ल में कही गई नज़्म जिसमें (बह्र, क़ाफ़िया, रदीफ़, या मिसरों की तादाद) किसी क़िस्म की कोई पाबंदी नहीं होती।

मिसाल–

चाँद का क़र्ज़

हमारे आँसुओं की आँखें बनाई गईं
हम ने अपने-अपने तलातुम से रस्सा-कशी की
और अपना-अपना बैन हुए
सितारों की पुकार आसमान से ज़ियादा ज़मीन सुनती है
मैं ने मौत के बाल खोले
और झूट पे दराज़ हुई
नींद आँखों के कंचे खेलती रही
शाम दोग़ले-रंग सहती रही
आसमानों पे मेरा चाँद क़र्ज़ है
मैं मौत के हाथ में एक चराग़ हूँ
जनम के पहिए पर मौत की रथ देख रही हूँ
ज़मीनों में मेरा इंसान दफ़्न है
सज्दों से सर उठा लो
मौत मेरी गोद में एक बच्चा छोड़ गई है
–सारा शगुफ़्ता

आज़ाद ग़ज़ल

आज़ाद ग़ज़ल मज़हर इमाम की ईजाद है, जिसमें मुख़्तलिफ़ मिसरों में रुक्न की कम-ओ-बेशी करने के इलावा मतला समेत तमाम अशआर ग़ज़ल की तर्ज़ पर ही कहे जाते हैं।

मज़हर इमाम की आज़ाद ग़ज़ल के कुछ अशआर–

डूबने वाले को तिनके का सहारा आप हैं
इश्क़ तूफ़ाँ है सफ़ीना आप हैं
आरज़ूओं की अँधेरी रात में
मेरे ख़्वाबों के उफ़ुक़ पर जगमगाया जो सितारा आप हैं
मेरी मंज़िल बेनिशाँ है लेकिन इसका क्या इलाज
मेरी ही मंज़िल की जानिब जादा-पैमा आप हैं

यहाँ आप देख सकते हैं कि मतले के पहले मिसरे में रुक्न की ता'दाद 4 है, दूसरे में 3 है, पहले शे'र के पहले मिसरे में 3 है, दूसरे में 5 है। इसी तरह तीसरे शे'र के पहले मिसरे में रुक्न की ता'दाद 4 और दूसरे में 4 है।

नोट– आज़ाद ग़ज़ल में किसी भी मिसरे में रुक्न की ता'दाद की कोई पाबंदी नहीं है।

देवनागरी में अक्सर ग़लत लिखे जाने वाले उर्दू के कुछ लफ़्ज़ बाएँ और उनका दुरुस्त इमला दाएँ

हिज्र-हिज्र (ہجر) / गलत-ग़लत (غلط) / तरीका-तरीक़ा (طریقہ) / मुबारक़-मुबारक (مبارک) / अन्दाज-अन्दाज़ (انداز) / फ़िर-फिर (پھر) / फ़ूल-फूल (پھول) / मजा-मज़ा (مزہ) / गजब-ग़ज़ब (غضب) / गजल-ग़ज़ल (غزل) / नज्म-नज़्म (نظم) / क़माल-कमाल (کمال) / क़िताब-किताब (کتاب) / इश्क-इश्क़ (عشق) / अश्क़-अश्क (اشک) / शक़-शक (شک) / हौसला हफ़्ज़ाई-हौसला अफ़ज़ाई (حوصلہ افزائی) / मज़ाक-मज़ाक़ (مزاق) / करीब-क़रीब (قریب) / करीना-क़रीना (قرینہ) / हकीकत-हक़ीक़त (حقیقت) / शक़्स-शख़्स (شخص) / इजाजत-इजाज़त (اجازت) / अजीज़-अज़ीज़ (عزیز) / मिजाज़-मिज़ाज (مزاج) / जरूरी-ज़रूरी (ضروری) / ज़नाब-जनाब (جناب) / ज़वाब-जवाब (جواب) / मुश्क़िल-मुश्किल (مشکل) / इल्तिज़ा-इल्तिजा (التجا) / इज्जत-इज़्ज़त (عزت) / मुताबिक-मुताबिक़ (مطابق) / अक्ल-अक़्ल (عقل) / शक़्ल-शक्ल (شکل) / ज़ारी-जारी (جاری) / जरिआ-ज़रीआ (ذریعہ) / जाहिर-ज़ाहिर (ظاہر) / फर्क-फ़र्क़ (فرق) / अग़र-अगर (اگر) / मग़र-मगर (مگر) / हरगिज-हरगिज़ (ہرگز) / सोंच-सोच (سوچ) / कहनें-कहने (کہنے) / मरीज-मरीज़ (مریض) / मेराज़-मे'राज (معراج) / तहजीब-तहज़ीब (تہذیب) / हाँथ-हाथ (ہاتھ) / फ़िक्क-फ़िक्र (فکر) / जज्बा-जज़्बा (جذبہ) / जज़्बातों-जज़्बात (جذبات) / लव्ज-लफ़्ज़ (لفظ) / अल्फ़ाज़ों-अल्फ़ाज़ (الفاظ) / ख़यालातों-ख़यालात (خیالات) / शख़्त-सख़्त (سخت) / मिशाल-मिसाल (مصال) / महज-महज़ (محض) / नतीज़ा-नतीजा (نتیجہ) / ज्यादा-ज़ियादा (زیادہ) / ज़िस्म-जिस्म (جسم) / वज़ूद-वजूद (وجود) / दिक्कत-दिक़्क़त (وقّت) / काफ़िया-क़ाफ़िया (قافیہ) / ज़न्नत-जन्नत (جنّت) / ज़ल्वा-जल्वा (جلوہ) / जमीन-ज़मीन (زمین) / कतई-क़तई (قطعی) /

यकीन-यक़ीन (یقین) / जबरदस्त-ज़बरदस्त (زبردست) / जिन्दाबाद, जिन्दावाद-ज़िंदाबाद (زندہ آباد) / अक़्सर-(اقسر) न्यूनतम / अक्सर-(اکثر) अधिकतर, प्रायः / काबिल-क़ाबिल (قابل) / ज़लील-(ذلیل) तिरस्कृत, गिरा हुआ, नीच / जलील-(جلیل) पूजनीय, महान / लहजा-(لہجہ) अंदाज़, तरीक़ा, ढंग / लहज़ा-(لمحہ) पल, क्षण, बहुत छोटी सी समयावधि / शुक्रिया-शुक्रिया (شکریہ) / नुक़्ता (نقطہ) बिंदु / नुक्ता-(نکتہ) बारीक / काफ़िला-क़ाफ़िला (قافلہ) / सलीका-सलीक़ा (سلیقہ) / जबान-ज़बान (زبان) / ज़बरन-जबरन (جبرن) / निजाम-निज़ाम (نظام) / रक्श-रक़्स (رقص) / नाज़ुक-नाज़ुक (نازک) / शौक-शौक़ (شوق) / जुल्फ-ज़ुल्फ़ (زلف) / गम-ग़म (غم) / दाग-दाग़ (داغ) / किस्मत-क़िस्मत (قسمت) / किस्म-क़िस्म (قسم) / संज़ीदा-संजीदा (سنجیدہ) / गौर-ग़ौर (غور) / बगैर-बग़ैर (بغیر) / नजदीक़-नज़दीक (نزدیک) / किस्सा-क़िस्सा (قصّہ) / रश्क़-रश्क (رشک) / तक़ल्लुफ़-तकल्लुफ़ (تکلّف) / तक़लीफ-तकलीफ़ (تکلیف) / तरफ-तरफ़ (طرف) / सफ-सफ़ (صف) / साफ-साफ़ (صاف) / वरक-वरक़ (ورق) / मुक़म्मल-मुकम्मल (مکمل) / नजीर-नज़ीर (نظیر) / इजहार-इज़हार (اظہار) / सिराज़-सिराज (سراج) / अक़्स-अक्स (عکس) / तर्ज़ुमा-तर्जुमा (ترجمہ) / ज़ुदाई-जुदाई (جدائی) / ज़ानकारी-जानकारी (جانکاری) / शुक्रगुजार-शुक्रगुज़ार (شکر گزار) / रहगुजर-रहगुज़र (رہگزر) / आरजू-आरज़ू (آرزو) / दरवाजा-दरवाज़ा (دروازہ) / ख़रोंच-खरोंच (خرونچ) / कुर्बानी-क़ुर्बानी (قربانی) / ज़ादू-जादू (جادو) / ग़ुलाब-गुलाब (گلاب) / गुलाम-ग़ुलाम (غلام) / बज्म-बज़्म (بزم) / शिक़न-शिकन (شکن) / ज़बीं-जबीं (جبیں) / गुरूर-ग़ुरूर (غرور) / कलम-क़लम (قلم) / कहर-क़ह्र (قہر) / मुकद्दर-मुक़द्दर (مقدّر) / चिराग-चराग़ (چراغ) / तंज-तंज़ (طنز) / तअज़्ज़ुब-तअज्जुब (تعجب) / कागज़-काग़ज़ (کاغذ) / ख़ाक़-ख़ाक (خاک) / मज़बूर-मजबूर (مجبور) / मजदूर-मज़्दूर (مزدور) / हक-हक़ (حق) / वाकिफ़-वाक़िफ़ (واقف) / जेहन-ज़ेह्न (ذہن) / अशआरों-अशआर (اشعار) / गरीब-ग़रीब (غریب) / तरक़ीब-तरकीब (ترکیب) / तखलीक-तख़लीक़ (تخلیق) / चीज-चीज़ (چیز) / अर्ज-अर्ज़ (عرض) / गैरत-ग़ैरत (غیرت) / जहमत-ज़हमत (زحمت) / अज़ब-अजब (عجب) / अजाब-अज़ाब (عذاب) / शाख-शाख़ (شاخ) / अज़ीब-अजीब (عجیب) / वज़ह-वज्ह (وجہ) / क़र्ब-कर्ब (کرب) / बुझदिल-बुज़दिल (بزدل) / ज़ुर्म-जुर्म (جرم) / जुल्म-ज़ुल्म (ظلم) / मुज़रिम-मुज्रिम (مجرم) / मुल्जिम-मुल्ज़िम (ملزم) / मस्ज़िद-मस्जिद (مسجد) / शज़र-

शजर (شجر) / गुबार-ग़ुबार (غبار) / नवाजिश-नवाज़िश (نوازش) / कज़ा-क़ज़ा (قضا) / रोज-रोज़ (روز) / कब्र-क़ब्र (قبر) / कुव्वत-क़ुव्वत (قوّت) / ख़ारिज़-ख़ारिज (خارج) / गर्क-ग़र्क़ (غرق) / ग़ुम-गुम (گم) / परहेज-परहेज़ (پرہیز) / जल्दबाजी-जल्दबाज़ी (جلد بازی) / मुन्तजिर-मुंतज़िर (منتظر) / जहाज-जहाज़ (جہاز) / तरक्की-तरक़्क़ी (ترقّی) / आजमाना-आज़माना (آزمانا) / जुम्बिश-ज़ुम्बिश (جمبش) / उरूज-(عروج) बुलंदी, उदगम, उदय, ऊँचाई, अत्याधुनिकता / अरूज़-(عروض) छंद शास्त्र / कुसूर-(کسور) संख्याएँ / क़ुसूर-(قصور) गुनाह / ईजाद-(ایجاد) अविष्कार / ईज़ाद-(ایزاد) अधिकता/ क़मर-(قمر) चाँद / कमर-(کمر) शारीरिक अंग।

(रोमन में कैसे लिखें- क-K/ क़-Q/ ख-Kh/ ख़-Kh/ ग-G/ ग़-Gh/ फ-Ph/ फ़-F/ ज-J/ ज़-Z)

ऐन (ع) पर ख़त्म होने वाले अल्फ़ाज़ की मुख़्तसर फ़ेहरिस्त-

तुलूअ (طلوع) / शुरूअ (شروع) / जमअ (جمع) / वज़्अ (وضع) / वुज़ूअ (وضوع) / अलविदाअ (الوداع) / विदाअ (وداع) / शमअ (شمع) / इज्तिमाअ (اجتماع) / मिसरअ (مصرع) / मतलअ (مطلع) / वसीअ (وسیع) / इन्दिफ़ाअ (اندفاع) / इन्दिलाअ (اندلاع) / इंसिदाअ (انسداع) / इत्तेलाअ (اطلاع) / इख़्तिराअ (اختراع) / तौसीअ (توسیع) / शाइअ (شائع) / सनाइअ (صنائع) / बदाइअ (بدائع) / बाइअ (بائع) / माइअ (مائع) / ज़राइअ (ذرائع) / वाक़िअ (واقع) / सामिअ (سامع) / ताबाइअ (تبائع) / वकाइअ (وقائع) / ज़ाइअ (ضائع) / रुकूअ (رکوع) / समीअ (سمیع) / मुतीअ (مطیع) / सिबाअ (سباع) / तबअ (طبع) / शुआअ (شعاع) / शुजाअ (شجاع) / शिजाअ (شجاع) / वदाइअ (ودائع) / वजअ (وجع) / वकीअ (وکیع) / वक़ीअ (وقیع) / लैअ (لیع) / लामिअ (لامع) / लमअ (لمع) / रदाअ (رداع) / मौज़ूअ (موضوع) / मूज़िअ (موضع) / मुस्तमअ (مستمع) / मुतावअ (مطاوع) / मुख़्तरअ (مخترع) / मज़्मअ (مجمع) / बैअ (بیع) / बदीअ (بدیع) / फ़क़ीअ (فقیع) / नौअ (نوع) / दाफ़िअ (دافع) / तिबाइअ (طبائع) / तवक़्क़ुअ (توقع) / तमअ (طمع) / तामिअ (طامع) / जूअ (جوع) / जालिअ (جالع) / ख़ालिअ (خالع) / क़ाअ (قاع) / औजाअ (اوجاع)।

छोटी हे (ہ) पर ख़त्म होने वाले अल्फ़ाज़ की मुख़्तसर फ़ेहरिस्त

उम्दा-उम्दह (عمدہ) / ज़ियादा-जियादह (زیادہ) / क़तरा-क़तरह (قطرہ) / वाक़िआ-वाक़िअह (واقعہ) / हादिसा-हादिसह (حادثہ) / पसंदीदा-पसंदीदह (پسندیدہ) / आईना-आईनह (آئینہ) / ज़िंदा-ज़िंदह (زندہ) / मुर्दा-मुर्दह (مردہ) / मरहला-मरहलह (مرحلہ) / सानिहा-सानिहह (سانحہ) / हाफ़िज़ा-हाफ़िज़ह (حافظہ) / मुज़्दा-मुज़दह (مژدہ) / ग़ुंचा-ग़ुंचह (غنچہ) / गिला-गिलह (گلہ) / शिकवा-शिकवह (شکوہ) / मसअला-मसअलह (مسئلہ) / मुआमला-मुआमलह (معاملہ) / क़बीला-क़बीलह (قبیلہ) / नक़्शा-नक़्शह (نقشہ) / मर्सिया-मर्सिअह (مرثیہ) / मक़्बरा-मक़्बरह (مقبرہ) / अफ़्साना-अफ़्सानह (افسانہ) / वीराना-वीरानह (ویرانہ) / ज़माना-ज़मानह (زمانہ) / हिस्सा-हिस्सह (حصّہ) / दुबारा-दुबाराह (دوبارہ) / इस्तिआरा-इस्तिआरह (استعارہ) / रास्ता-रास्तह (راستہ) / क़रीना-क़रीनह (قرینہ) / पसीना-पसीनह (پسینہ) / सफ़ीना-सफ़ीनह (سفینہ) / दफ़ीना-दफ़ीनह (دفینہ) / आबगीना-आबगीनह (آبگینہ) / सीना-सीनह (سینہ) / ज़ीना-ज़ीनह (زینہ) / ताबिन्दा-ताबिन्दह (تابندہ) / दरख़्शंदा-दरख़्शंदह (درخشندہ) / दरिंदा-दरिंदह (درندہ) / पाइंदा-पाइंदह (پائندہ) / शर्मिंदा-शर्मिंदह (شرمندہ) / आइंदा-आइंदह (آئندہ) / नुमाइंदा-नुमाइंदह (نمائندہ) / बेगाना-बेगानह (بیگانہ) / मोजिज़ा-मोअजिज़ा-मोअजिज़ह (معجزہ) / परवाना-परवानह (پروانہ) / सज्दा-सज्दह (سجدہ) / मशग़ला-मशग़लह (مشغلہ) / मयकदा-मयकदह (میکدہ) / जनाज़ा-जनाज़ह (جنازہ) / बरगुज़ीदा-बरगुज़ीदह (برگزیدہ) / क़शीदा-क़शीदह (قصیدہ) / अक़ीदा-अक़ीदह (عقیدہ) / शोरीदा-शोरीदह (شوریدہ) / पोशीदा-पोशीदह (پوشیدہ) / बालीदा-

बालीदह (بالیدہ) / गुस्सा-गुस्सह (غصّہ) / गासिबाना-गासिबानह (گاسبانہ) / ज़लज़ला-ज़लज़लह (زلزلہ) / शीशा-शीशह (شیشہ) / क़िस्सा-क़िस्सह (قصّہ) / नज़ारा-नज़ारह (نظارہ) / किनारा-किनारह (کنارہ) / इशारा-इशारह (اشارہ) / सितारा-सितारह (ستارہ) / राब्ता-राब्तह (رابطہ) / ख़राबा-ख़राबह (خرابہ) / सबीहा-सबीहह (صبیحہ) / क़तआ-क़तअह (قطعہ) / ज़रीआ-ज़रीअह (ذریعہ) / नज़रिया-नज़रियह (نظریہ) / उक़्दा-उक़्दह (عقدہ) / मुक़ाबला-मुक़ाबलह (مقابلہ) / सादा-सादह (سادہ) / डाका-डाकह (ڈاکہ) / बुतकदा-बुतकदह (بتکدہ) / क़हक़हा-क़हक़हह (قہقہہ) / क़िब्ला-क़िबलह (قبلہ) / दोशीज़ा-दोशीज़ह (دوشیزہ) / दबदबा-दबदबह (دبدبہ) / नामा-नामह (نامہ) / ख़ाना-ख़ानह (خانہ) / शुक्रिया-शुक्रियह (شکریہ) / दफ़आ-दफ़अह (دفعہ) / अफ़्सुर्दा-अफ़्सुर्दह (افسردہ) / रंजीदा-रंदीदह (رنجیدہ) / वज़ीफ़ा-वज़ीफ़ह (وظیفہ) / सलीक़ा-सलीक़ह (سلیقہ) / सबीक़ा-सबीक़ह (سبیقہ) / आशुफ़्ता-आशुफ़्तह (آشفتہ) / इस्तिफ़ादा-इस्तिफ़ादह (استفادہ) / इरादा-इरादह (ارادہ) / जरीदा-जरीदह (جریدہ) / बेहूदा-बेहूदह (بیہودہ) / बाशिंदा-बाशिंदह (باشندہ) / रोज़ा-रोज़ह (روزہ) / फ़ीरोज़ा-फ़ीरोज़ह (فیروزہ) / देरीना-देरीनह (دیرینہ) / अफ़ाक़ा-अफ़ाक़ह (افاقہ) / चर्बा-चर्बह (چربہ) / सरक़ा-सरक़ह (سرقہ) / इलावा-इलावह (علاوہ) / ज़ाविया-ज़ावियह (زاویہ) / नाक़ा-नाक़ह (ناقہ) / तिश्ना-तिश्नह (تشنہ) / आसूदा-आसूदह (آسودہ) / ज़ख़ीरा-ज़ख़ीरह (ذخیرہ) / इस्तेफ़ादा-इस्तेफ़ादह (استفادہ) / नाला-नालह (نالہ) / मुआवज़ा-मुआवज़ह (معاوضہ) / पेचीदा-पेचीदह (پیچیدہ) / ओहदा-ओहदह (عہدہ) / इलाक़ा-इलाक़ह (علاقہ) / पैमाना-पैमानह (پیمانہ) / ना'रा-ना'रह (نعرہ) / मस्ताना-मस्तानह (مستانہ) / वीराना-वीरनह (ویرانہ) / वग़ैरा-वग़ैरह (وغیرہ) / आज़ुर्दा-आज़ुर्दह (آزردہ) / जज़्बा-जज़्बह (جذبہ) / क़स्बा-क़स्बह (قصبہ) / रुत्बा-रुत्बह (رتبہ) / मर्तबा-मर्तबह (مرتبہ) / दर्जा-दर्जह (درجہ) / हौसला-हौसलह (حوصلہ) / दीवाना-दीवानह (دیوانہ) / शाइराना-शाइरानह (شاعرانہ) / जज़ीरा-जज़ीरह (جزیرہ) / आलूदा-आलूदह (آلودہ) / फ़ासिला-फ़ासिलह (فاصلہ) / तेशा-तेशह (تیشہ) / तीरा-तीरह (تیرہ) / किनाया-किनायह (کنایہ) / शर्तिया-शर्तियह (شرطیہ) / ख़राबा-ख़राबह (خرابہ) / चारा-चारह (چارہ) / बेचारा-बेचारह (بیچارہ) हवाला-हवालह (حوالہ) / दीवाला-दीवालह (دیوالہ) / ख़सारा-ख़सारह (خسارہ) / गुज़ारा-गुज़ारह (گزارہ) क़िला-क़िलह (قلعہ) /

तरीक़ा-तरीक़ह (طریقہ) / नतीजा-नतीजह (نتیجہ) / लहजा-लहजह (لہجہ) तमाशा-तमशह (تماشہ)।

इन अल्फ़ाज़ के तलफ़्फ़ुज़ में हमें ये एहतियात ख़ासतौर से बरतना है कि इन्हें बोलते वक़्त हम इनके हर्फ़-ए-आख़िर को अलिफ़ की तरह खींच कर नहीं पढ़ेंगे। बेहतर होगा कि आप इन्हें देवनागरी में विसर्ग के इस्ते'माल के साथ बरतें और वैसे ही बोलने की कोशिश करें जैसे विसर्ग का संस्कृत में उच्चारण किया जाता है।

जैसे– उम्दः, ज़ियादः, क़तरः, वाक़िअः या हादिसः वग़ैरा।

इन अल्फ़ाज़ के हर्फ़-ए-आख़िर या'नी छोटी हे को तक़्तीअ में हम गिरा भी सकते हैं जिसे हाए हुब्ब कहा जाता है।

नोट– इस किताब में इस्ते'माल हुए वो तमाम लफ़्ज़ जो छोटी हे पर ख़त्म होते हैं उन्हें अलिफ़ (अ) के साथ बरता गया है।

आख़िर में–

अरूज़ को अच्छे से समझने-सीखने के बा'द इसे महज़ बतौर-ए-एहतियात याद रखें, गरचे ये अमल मुश्किल है लेकिन आज़ाद ज़ेहन से शाइरी करना ही शाइरी की बुनियादी ज़रूरत है। अपने अंदर मौजूद शाइर पर अपने अंदर मौजूद अरूज़ी को कभी भी हावी न होने दें। एक मुकम्मल शाइर होना अपने आप में एक बड़ी बात है।